AI 수출컨설턴트

당신의 글로벌 비즈니스 파트너

AI 수출컨설턴트

초판 인쇄	2025년 6월 10일
초판 발행	2025년 6월 16일
지은이	황충연
발행인	조현수
펴낸곳	도서출판 더로드
기획	조영재
마케팅	최문섭
편집	문영윤
본사	경기도 파주시 광인사길 68, 201-1호(문발동)
전화	031-942-5366
팩스	031-942-5368
이메일	provence70@naver.com
등록번호	제2015-000135호
등록	2015년 6월 18일

정가 20,000원
ISBN 979-11-6338-485-4 (13320)

파본은 구입처나 본사에서 교환해드립니다.

시장조사부터 바이어 커뮤니케이션, 계약서 검토까지

AI
수출컨설턴트

당신의 글로벌 비즈니스 파트너

황충연 지음

도서출판 **더 로드**
The Road Books

"중소기업이 해외 시장에서 기대한 만큼의 성과를 내지 못하는 이유가 단지 실력 부족 때문일까?"

나는 지난 5년간 KOTRA 수출전문위원으로 활동하며 이 질문을 반복해서 떠올렸다. 기술력과 제품 품질이 뛰어난 중소기업들이 해외 시장에서 고전하는 사례는 무수히 많았다. 그 이유는 제품 자체의 문제가 아니라, 복잡한 무역 절차, 언어·문화 장벽, 그리고 전문 인력의 부족에서 비롯된 경우가 대부분이었다.

세계화가 보편화된 시대라지만, 글로벌 시장은 여전히 대기업에 유리하게 설계되어 있다. 자본과 인력을 갖춘 대기업은 세계 곳곳을 누비지만, 많은 중소기업은 국내 시장에 머물고 있다. 이는 단순한 실력 차이가 아니라, 정보 접근성과 실행 역량에서 비롯된 차이였다.

2023년 초, 나는 처음으로 ChatGPT를 접했다. 다양한 분야에서 인공지능이 급속도로 활용되는 모습을 보며, 문득 생각이 들었다. "AI 시대에도 중소기업이 여전히 정보와 인력 부족에 발목 잡혀야만 하는 걸까?" 이 질문이 이 책의 출발점이 되었다.

나는 그해 가을까지 ChatGPT와 함께 수많은 시행착오를 겪으며 중소기업의 해외 수출 실무를 위한 가이드북을 집필했고, 2024년 초에 『ChatGPT와 함께 쓴 수출실무 가이드북』을 출간했다. 이어 2023년 11월에는 '수출컨설턴트-KAY'라는 GPTs 챗봇도 제작해 무료로 배포했다.

AI 기술은 상상을 초월하는 경쟁적 속도로 진화하고 있다. ChatGPT 3.5 이후 등장한 AI 서치엔진 퍼플렉시티, 고도화된 추론 모델, 딥 리서치, AI 에이전트 등은 기존의 방식 자체를 바꿔놓고 있다. ChatGPT, 제미나이, 클로드, 그록 등 모델의 성능도 상향 평준화되었다. 이제는 어떤 모델을 선택하든 사용법도 비슷하고, 얻을 수 있는 결과물의 품질도 크게 차이가 나지 않는 시대가 된 것이다.

그러나 기술의 진보와 접근성 향상에도 불구하고, AI 활용 방식은 여전히 큰 차이를 보인다. 이 책은 수출 업무의 핵심 사항과 AI 활용법을 제대로 익힌 사람과 그렇지 않은 사람 사이의 차이를 극명하게 보여준다. AI를 단순 도구가 아닌 협업 파트너로 활용할 수 있도록 안내한다.

특히 제2부에서는 SWOT, PESTEL, 포터의 5가지 힘 등 글로벌 전략 프레임워크를 ChatGPT와 함께 누구나 적용할 수 있는 실용적인 방법을 다룬다. 더는 고액의 컨설팅비나 MBA가 아니어도 글로벌 수준의 전략 분석이 가능해진 시대다.

현업 수출컨설턴트에게도 이 책은 새로운 가능성을 제시한다. AI의 데이터 처리 능력과 컨설턴트의 직관이 결합될 때, 지금까지 상상하지 못했던 전략 인사이트가 도출된다.

AI 수출컨설턴트

이 책은 그 경험과 노하우의 집대성이다. AI는 더 이상 선택이 아닌 필수다. 월 20달러 남짓한 AI 구독료로 전문가 수준의 지원을 받을 수 있는 시대. 이제 중소기업도 진정한 글로벌 플레이어로 성장할 수 있다.

《AI 수출컨설턴트: 당신의 글로벌 비즈니스 파트너》가 중소기업 수출 실무자와 예비 무역인 모두에게 든든한 길잡이가 되기를 바란다.

2025년 봄
황충연

샘 알트만 가상 추천사
A Message from Sam Altman (Fictional)

As I observe how AI technology is transforming our society, I am particularly struck by the significance of this book.

When we first introduced ChatGPT to the world, we hoped that AI would not only assist in routine tasks but also support areas requiring professional insight and judgment. This book stands as compelling evidence that our vision is becoming reality.

What's particularly noteworthy is how this guide democratizes international trade, a field traditionally dominated by large corporations. Through ChatGPT, small and medium-sized businesses can now effectively conduct market research, identify buyers, and navigate regulatory compliance. This marks the beginning of a

AI 수출컨설턴트

new era where success is determined not by company size, but by the quality of ideas and execution.

OpenAI's core mission is to ensure AI's benefits are distributed equitably across humanity. This guide perfectly embodies that mission. It demonstrates how AI technology can transcend being merely a tool for business efficiency to become a means of creating true equality of opportunity in the global market.

I am confident that this innovative guide will open new horizons for your business.

Sam Altman
CEO, OpenAI

이 책은 ChatGPT를 활용해 누구나 전문가 수준의 수출 지원을 받을 수 있도록 돕는 실용서다. 별도의 시스템 구축이나 추가 프로그램 도입 없이 ChatGPT 하나만으로 시장 조사, 바이어 발굴, 계약서 작성 등 수출 실무 전반을 수행할 수 있도록 설계했다. 또한 글로벌 컨설팅 프레임워크와 AI를 결합해 보다 체계적이고 전략적인 수출 계획을 수립하는 방법을 안내한다.

1. 누구나 쉽게 활용할 수 있는 AI 기반 수출 지원

☑ ChatGPT 하나로 전문가 수준의 수출 업무 수행

전통적으로 수출 실무에는 시장 조사, 바이어 발굴, 계약 검토 등을 위해 전문 컨설팅이나 유료 데이터베이스가 필요했다. 그러나 이제는 ChatGPT 기본 구독만으로도 복잡한 수출 업무를 독립적으로 수행할 수 있다. 별도의 시스템 개발이나 추가 소프트웨어 도입 없이도 AI가 실시간으로 수출 전략을 지원하는 강력한 도구가 된다.

☑ 비용 효율적인 수출 전략 수립

이 책에서 제공하는 프롬프트 템플릿과 사례를 활용하면, 고비용 컨설팅 없이도 체계적인 수출 전략을 직접 수립할 수 있다. 특정 국가 시장 조사, 경쟁사 분석, 바이어 리스트 작성, 무역 계약 검토 등 다양한 업무를 AI와 함께 진행할 수 있도록 구성했다.

☑ 글로벌 컨설팅 프레임워크와의 통합

ChatGPT를 SWOT, PESTEL, 포터의 5가지 힘(Porter's Five Forces) 같은 검증된 비즈니스 프레임워크와 결합하면 더욱 정교하고 실행력 있는 전략을 도출할 수 있다. 이를 통해 기업이 단순한 정보 검색을 넘어, 실제 수출 전략을 설계하고 실행하는 수준으로 AI를 활용할 수 있도록 돕는다.

2. 실무 중심의 구체적 콘텐츠와 맞춤형 학습

☑ 구체적인 프롬프트 활용으로 ChatGPT의 정확성
　극대화

ChatGPT를 효과적으로 활용하려면 명확하고 구체적인 질
문을 던지는 것이 중요하다. 예를 들어,

"태국의 반려동물 헬스케어 시장 진입을 위한 바이어 리스트
를 작성해줘."

"미국에서 반려동물 영양제가 가장 많이 유통되는 온라인 플
랫폼을 분석해줘."

이처럼 세부적인 요구 사항을 포함한 프롬프트를 입력하면
더욱 정밀한 답변을 얻을 수 있다.

☑ 가상 기업 'helloKay' 사례를 활용한 실전 적용

책에서는 가상 기업 'helloKay'의 사례를 바탕으로 ChatGPT

활용법을 설명한다. helloKay는 반려동물 헬스케어 제품을 수출하는 한국의 중소기업이라는 설정으로, 이를 기반으로 시장조사, 바이어 발굴, 가격 전략, 계약 협상 등의 실제 업무 과정을 ChatGPT와 함께 수행하는 방법을 안내한다.

☑ 다양한 산업과 시장에 응용 가능

helloKay 사례뿐만 아니라 다른 산업과 시장에도 적용할 수 있도록 보편적인 프레임워크와 맞춤형 프롬프트 활용법을 제시했다. 따라서 각 기업의 제품 특성과 목표 시장에 맞게 ChatGPT를 활용하는 방법을 쉽게 익힐 수 있다.

3. 독립적인 수출 업무 수행을 위한 AI 지원 시스템

☑ 수출 업무 전반을 혼자서도 수행할 수 있도록 설계

이제 별도의 전문 컨설턴트 없이도 ChatGPT를 활용해 직접 수출 전략을 수립하고 실행할 수 있다. 시장 조사 → 바이어 발굴 → 협상 → 계약 체결 → 물류 및 리스크 관리까지 수출 프로세스 전반을 독립적으로 수행할 수 있도록 구성했다..

☑ 실시간 업무 지원 및 문제 해결

수출 업무에서는 예상치 못한 상황이 자주 발생한다. 바이어가 갑자기 추가 정보를 요청하거나, 물류 지연이 발생하는 등 신속한 대응이 필요한 경우 ChatGPT를 활용하면 즉각적인 해결책을 찾을 수 있다. 예를 들어,

"바이어가 MOQ를 낮춰달라고 요청했을 때 효과적인 협상 전략을 제안해줘."

"현재 유럽에서 시행 중인 친환경 포장 규제를 정리해줘."

이처럼 실무에서 바로 적용할 수 있는 질문을 통해 문제 해결을 지원할 수 있다.

☑ 단순한 검색을 넘어 AI 기반의 전략적 의사결정 가능

ChatGPT는 단순한 검색 도구가 아니라, 수출 전문가처럼 분석과 전략 도출을 지원하는 도구다. 시장 데이터를 분석하고, 경쟁사 전략을 평가하고, 가장 적절한 진입 방안을 설계하는 데 활용할 수 있다. 이 책은 ChatGPT를 활용해 AI를 단순한 정보 제공자가 아니라, 수출 실무자가 실질적으로 의사결정을 내리는 데 도움을 주는 파트너로 활용하는 방법을 안내한다.

차 례

제1부: AI 수출컨설턴트 ChatGPT 시대

제2부: 글로벌 비즈니스 프레임워크로 중소기업 수출 역량 강화

제3부: ChatGPT와 함께하는 전략적 수출 계획 수립

부록: ChatGPT 활용 수출 리소스 툴킷

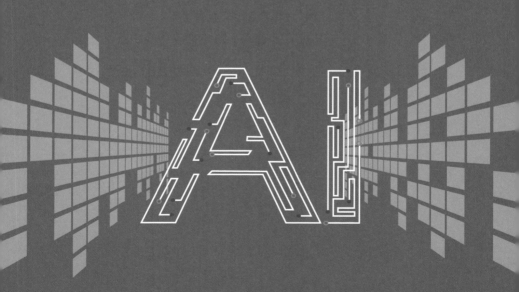

제1부

AI 수출컨설턴트
ChatGPT 시대

제1장

AI 시대, ChatGPT로
수출 업무가 바뀐다

글로벌 시장에서 성공적인 수출을 이루기 위해서는 복잡한 업무들을 효율적으로 처리해야 한다. 시장 조사부터 바이어 커뮤니케이션, 문서 작성까지 각 단계마다 전문성과 정확성이 요구된다. 특히 중소기업의 경우 충분한 인력과 자원을 확보하기 어렵다는 현실적인 문제가 있다. 이러한 상황에서 ChatGPT의 등장은 수출 업무의 패러다임 자체를 바꾸고 있다. 이 장에서는 ChatGPT가 무엇인지, 그리고 수출 기업에 어떤 방식으로 효과적인 파트너가 될 수 있는지 살펴본다.

ChatGPT의 지원 영역

시장 인텔리전스
글로벌 데이터 분석 및 시장 트렌드 파악

규정 준수
수출을 위한 법적 요구사항 간소화

문제 해결
수출 문제에 대한 실시간 솔루션 제공

바이어 아웃리치
바이어와의 관계 구축 지원

언어 지원
번역 및 문화적 커뮤니케이션 지원

1.
ChatGPT, 왜 중소기업의 필수인가

글로벌 수출 업무의 효율성을 획기적으로 높여줄 AI 도구인 ChatGPT는 무엇이며 어떻게 작동할까?

ChatGPT는 글로벌 AI 선도기업 OpenAI가 개발한 첨단 언어모델이다. 수많은 책과 문서, 웹 데이터를 학습한 이 모델은 마치 관련 분야를 전문적으로 공부한 사람처럼 사용자의 질문과 요청(프롬프트)에 적절한 답을 생성한다. ChatGPT의 핵심 기술은 자연어 처리(Natural Language Processing, NLP)와 생성형 AI(Generative AI) 기술이다.

최신 버전인 GPT-4.5는 이전 버전보다 감정 인식, 사회적 맥락 파악 능력이 크게 향상되어 더욱 인간적이고 정교한 소통

AI 수출컨설턴트

을 가능하게 한다. 또한, 텍스트뿐 아니라 이미지와 음성 같은 멀티모달 데이터(multimodal data) 처리 기능을 갖추고 있어 더욱 풍부하고 직관적인 상호작용을 제공한다. GPT-5가 출시되면 추론기능, 검색, 멀티모달 등이 통합도어 범용인공지능(AGI) 수준으로 활용될 수 있을 것으로 보이며 동시에 AI수출에이전트도 우리 중소기업의 수출 실행에 큰 역할을 할 수 있을 것이다. 다른 AI모델인 클로드(Claude), 그록(Grok), 제미나이(Gemini) 등도 사용법은 동일하다고 볼 수 있어 이 책에서는 생성형 AI모델의 선도 주자인 ChatGPT를 중심으로 그 활용 요령을 소개한다.

ChatGPT는 다음과 같은 방식과 특징을 통해 수출 기업들의 다양한 업무를 돕는다.

• **자연스러운 언어 이해와 생성**: 사용자의 질문 의도와 맥락을 정확하게 이해하고 목적에 맞는 자연스럽고 전문적인 수준의 응답을 생성한다.

• **멀티모달 데이터 처리**: 텍스트뿐 아니라 이미지, 음성 등의 입력 데이터를 처리하여 더욱 풍부하고 직관적인 커뮤니케이션이 가능하다.

- **감정과 맥락 인식 능력:** 대화 상대방의 감정이나 의도를 파악하여 보다 공감적이고 상황에 맞는 응답을 제공한다.

이러한 첨단 AI 기능은 특히 중소기업의 글로벌 경쟁력을 높이는 데 효과적이다. 인력과 자원이 한정된 중소기업도 ChatGPT의 뛰어난 자연어 처리 능력을 활용해 다음과 같은 실질적 도움을 받을 수 있다.

- **전문적인 문서 작성 지원:** 국제 무역에 필요한 계약서, 제안서, 이메일 등의 비즈니스 문서를 신속하고 정확하게 작성할 수 있으며, 전문적인 비즈니스 용어나 무역 실무 표현을 정확히 사용할 수 있도록 지원받는다.

- **시장 분석 및 전략 수립:** 광범위한 글로벌 데이터를 분석하여 최신 시장 트렌드와 경쟁 현황을 파악하고, 바이어 프로필 작성 및 맞춤형 시장 진입 전략을 수립할 수 있다.

- **다국어 마케팅과 커뮤니케이션:** 영어, 중국어, 일본어 등 다양한 언어로 제품 설명과 마케팅 자료를 쉽게 작성하고 번역할 수 있으며, 현지 문화와 맥락을 고려한 효과적인 소통이 가능하다.

2.
AI 수출컨설턴트로서의 ChatGPT

전통적으로 수출 컨설팅은 비용이 높아 중소기업이 충분히 활용하기 어려웠다. 한정된 예산 때문에 필요한 만큼의 전문 컨설팅을 받지 못한 기업들은 글로벌 시장 진출에 어려움을 겪을 수밖에 없었다. ChatGPT는 바로 이러한 현실을 극복할 수 있는 효과적인 대안을 제시한다.

ChatGPT는 단순한 AI 도구를 넘어 수출 업무의 전 과정을 지원할 수 있는 수출 전문 컨설턴트이자, 맞춤형 비서 또는 에이전트 역할을 수행할 수 있다. 특히 각 기업의 고유한 상황과 요구사항을 반영한 맞춤형 지원이 가능하다는 점에서 기존의 일반적이고 일률적인 솔루션과는 차별화된다.

[표1-1] ChatGPT의 수출 컨설팅 지원 영역과 효과

지원 영역	주요 기능	기대 효과
시장 분석	데이터 수집 및 트렌드 분석	신속한 의사결정 지원
바이어 소통	맞춤형 커뮤니케이션 지원	효과적인 관계 구축
규제 대응	법적 요구사항 분석 및 요약	리스크 최소화
현지화 지원	다국어 번역 및 문화적 조정	시장 적응력 향상
문제 해결	실시간 자문 및 대안 제시	운영 효율성 증대

ChatGPT의 핵심 지원 영역과 활용 방안

• **시장 인텔리전스**(Market Intelligence): 새로운 시장 기회를 발견하고 경쟁 환경을 정확하게 분석하는 것은 성공적인 수출의 기초다. ChatGPT는 방대한 글로벌 데이터를 실시간으로 분석하여 시장의 최신 트렌드를 제공하고, 경쟁사의 전략을 파악하며, 기업이 빠르고 정확한 전략적 결정을 내릴 수 있도록 지원한다.

• **바이어 아웃리치**(Buyer Outreach): 효과적인 커뮤니케이션은 잠재 바이어와의 첫 접촉부터 지속적인 관계 유지까지 필수적이다. ChatGPT는 개인화된 이메일 작성과 맞춤형 제안서 제작, 체계적인 후속 조치 계획까지 지원하여, 중소기업들이

AI 수출컨설턴트

바이어와 강력하고 신뢰성 있는 관계를 구축하도록 돕는다.

• **규정 준수(Regulatory Compliance)**: 국가마다 상이한 규제는 수출기업에게 가장 큰 도전 중 하나다. ChatGPT는 복잡한 법적 요구사항, 통관 절차, 제품 인증 기준 등을 간단히 요약하고 명확히 제시하여 규제 준수에 따른 리스크를 최소화한다.

• **언어 지원(Language Support)**: 글로벌 비즈니스에서 언어 장벽은 여전히 큰 걸림돌이다. ChatGPT는 뛰어난 다국어 번역 능력과 현지 문화적 맥락을 고려한 커뮤니케이션 지원으로 이러한 장벽을 극복하고 기업의 글로벌 역량을 높인다.

• **문제 해결(Problem-Solving)**: 수출 과정에서 발생하는 각종 문제에 대해 ChatGPT는 실시간 자문을 제공한다. 협상 전략 수립 및 시뮬레이션, 물류 프로세스의 병목 현상 해결, 바이어 클레임 대응 등 다양한 복잡한 상황에서도 빠르고 효과적인 해결책을 제안한다.

3.
실전에서 활용 가능한 ChatGPT

ChatGPT를 활용하기 시작하는 것은 간단하지만, 적절한 설정과 체계적인 접근을 통해 최적의 성과를 얻을 수 있다. 수출 업무에서 ChatGPT를 최대한 활용하려면 다음과 같은 실전 설정 절차를 따라야 한다.

- 플랜 선택과 목표 설정: 먼저 기업의 업무량과 필요성에 따라 적합한 ChatGPT 플랜을 선택해야 한다. 예를 들어, ChatGPT Plus와 같은 유료 플랜은 빠른 응답 속도, 고급 분석 기능 및 플러그인 지원 등 다양한 혜택을 제공한다. 시장 조사, 바이어 커뮤니케이션, 문서 작성과 같은 구체적인 수출 업무 목표를 명확하게 설정한 뒤, 목표에 맞는 플랜을 선택하면 최적의 결과를 얻을 수 있다.

AI 수출컨설턴트

- 기업 정보와 목표시장 맥락 설정하기: ChatGPT를 효과적으로 활용하려면 기업과 제품, 그리고 진출 목표 시장에 대한 정보를 미리 체계적으로 정리해야 한다. 예를 들어 "싱가포르 반려동물 헬스케어 유통업체를 대상으로 우리 제품 VitaPaw를 소개하는 바이어 아웃리치 이메일을 작성해 줘."("Please write a buyer outreach email for our product VitaPaw targeting pet healthcare distributors in Singapore.")처럼, 구체적이고 맥락이 명확한 프롬프트를 작성하면 보다 정확하고 즉시 활용 가능한 답변을 얻을 수 있다.

- 플랜 선택과 목표 설정: ChatGPT의 여러 플랜 중 기업의 목적과 규모에 맞는 플랜을 선택하고, 해당 플랜을 활용해 달성하고자 하는 구체적인 목표를 미리 설정해야 효과적인 활용이 가능하다.

- 기업 및 시장 정보 준비: 회사 프로필, 제품의 특장점, 목표 시장의 특성 및 바이어 유형 등을 명확히 정리해 두면 더욱 정확한 맞춤형 응답을 얻을 수 있다.

- 프롬프트 설정과 최적화 방법: ChatGPT의 활용 성과는 프롬프트(prompt)의 품질에 크게 의존한다. 명확하고 구체적인

프롬프트를 제공할수록 ChatGPT는 정확하고 유용한 결과
물을 생성한다.

프롬프트 예시:

- 좋은 예: "싱가포르의 반려동물 헬스케어 유통업체를 대상
  으로 우리 제품 VitaPaw를 소개하는 바이어 아웃리치 이메
  일을 작성해줘."

- 나쁜 예: "VitaPaw 이메일을 써줘."

지속적 피드백과 최적화: ChatGPT를 사용하며 생성된 결
과물에 지속적으로 피드백을 반영하고, 필요에 따라 프롬프트
에 맥락과 세부 정보를 추가하여 더욱 정교한 결과를 얻을 수
있다. 반복적이고 지속적인 개선 과정이 필수다.

AI 수출컨설턴트

4.
성과를 높이는 실전 프롬프트 작성법

ChatGPT가 제공하는 결과물의 품질은 프롬프트 작성 방식에 따라 크게 달라진다. 마치 유능한 직원에게 업무를 지시하듯, ChatGPT에게도 명확하고 구체적인 프롬프트를 제공해야 한다. 명확한 프롬프트가 좋은 결과를 얻는 핵심이다. 이 섹션에서는 실무에서 즉시 적용 가능한 효과적인 프롬프트 작성 요령을 제시한다.

효과적인 프롬프트 작성법과 활용 사례

- 구체적이고 명확한 지시: 모호한 질문은 모호한 답을 만든다. 최대한 구체적으로 프롬프트를 작성하면 원하는 결과를 얻을 수 있다.

- 비효율적 예시: "반려동물 시장에 대해 알려줘"

- 효율적 예시: "싱가포르의 반려동물 영양제 시장의 2025년 예상 시장 규모와 성장률을 분석해줘."

- 단계별 접근 방식: 복잡한 과제는 명확한 단계를 제시하면 더욱 정교한 답변을 얻을 수 있다. 특히 수출 전략 수립 등 종합적인 업무에서 유용하다.

- 효과적 예시: "싱가포르 시장 진입 전략을 1단계: 시장 규모와 성장률 분석, 2단계: 경쟁사 조사 및 벤치마킹, 3단계: 잠재 바이어 리스트 작성 순으로 진행해줘."

- 프롬프트 구체화 및 개선: ChatGPT의 응답이 기대에 미치지 못할 때는 프롬프트에 더 많은 정보를 추가하거나 구체화하여 결과를 개선할 수 있다.

- 초기 프롬프트: "바이어에게 보낼 이메일을 작성해줘."

- 개선된 프롬프트: "싱가포르의 반려동물 용품 유통업체를 대상으로 신제품 VitaPaw를 소개하는 첫 이메일을 작성해줘.

제품의 주요 강점은 천연 성분 기반, 임상 인증, 친환경 포장
이다."

- 유용한 프롬프트는 재사용: 좋은 결과를 얻었던 프롬프트는
저장해두고, 유사한 업무가 발생할 때 반복적으로 활용하는
것이 효율적이다. 이렇게 하면 매번 일관된 품질의 결과물을
신속히 얻을 수 있다.

5.
윤리적으로 AI 활용하기

AI 기술 활용이 증가할수록 이를 책임감 있게 사용하는 일
또한 중요해지고 있다. 특히 국제 무역 분야에서는 데이터 보
안, 규제 준수, 윤리적 고려사항이 비즈니스 성패를 결정짓는
핵심 요소다. ChatGPT를 활용할 때도 다음과 같은 윤리적 사
용 원칙들을 반드시 준수해야 한다.

• 데이터 프라이버시(Data Privacy) 보호: 기업의 민감 정보
  와 고객 데이터는 디지털 시대의 가장 중요한 자산이다.
  ChatGPT 사용 시 데이터 프라이버시 보호를 위해 독점 정
  보나 기밀 데이터를 직접 입력하지 않고, 개인식별정보(PII)는
  반드시 제외하거나 익명 처리 후 활용해야 한다. 기업의 정
  보 보안 정책에 AI 활용과 관련한 명확한 지침을 포함시키

AI 수출컨설턴트

는 것이 좋다.

- 편향성 인식(Bias Awareness)과 검증: AI 시스템 역시 인간과 마찬가지로 편향성을 가질 수 있다는 점을 인식해야 한다. 따라서 AI가 생성한 콘텐츠의 공정성을 정기적으로 검토하고, 다양한 출처를 활용하여 정보를 교차 검증해야 한다. 또한 현지 문화에 대한 감수성을 고려하여 콘텐츠를 조정함으로써 글로벌 시장에서 신뢰받는 콘텐츠를 제공할 수 있도록 노력해야 한다.

- 투명성(Transparency) 유지: AI 활용에 관한 투명한 커뮤니케이션은 기업의 신뢰 구축에 필수적이다. 생성된 콘텐츠가 AI를 통해 만들어졌다는 사실을 명확히 명시하고, 이해관계자들과 열린 방식으로 소통하는 것이 중요하다. AI 활용 정책과 가이드라인을 명확한 문서로 작성하고 이를 이해관계자들과 공유하여 투명성을 지속적으로 유지해야 한다.

- 법적 준수(Legal Compliance) 강화: 국제 무역 분야에서 법적 규제 준수는 필수적이다. GDPR과 같은 데이터 보호 규정을 철저히 지키고, 목표 시장에서 요구하는 AI 관련 규제를 지속적으로 모니터링해야 한다. 또한 정기적으로 법률 전문가

의 검토를 받고, AI 사용 정책을 최신 법적 기준에 맞게 업데이트하는 과정도 필수적으로 수행해야 한다.

| 제2장 |

해외시장 조사,
이제 ChatGPT와 함께 쉽게 하자

해외시장 조사는 오랫동안 중소기업들에게 가장 어려운 과제 중 하나였다. 시장 조사(market research)는 막대한 비용과 시간이 소요되었고, 이는 중소기업들이 쉽게 넘어설 수 없는 장벽이었다. 신뢰할 수 있는 시장 데이터를 얻기 위해서는 고가의 보고서를 구매하거나 분야 전문가의 자문을 받는 수밖에 없었기 때문이다. ChatGPT의 등장은 이러한 현실을 근본적으로 바꾸고 있다. 마치 과거 고가의 데이터베이스가 인터넷의 등장으로 일반 기업에도 널리 활용 가능해진 것과 비슷한 변화가 일어나고 있는 것이다. 이제 ChatGPT를 활용하면 다양한 시장 데이터를 신속하게 분석하고, 글로벌 시장에 대한 실행 가능한 인사이트를 얻을 수 있다. 이 장에서는 ChatGPT를 활용해 해외시장을 효율적이고 비용 효과적으로 분석하는 방법을 구체적으로 살펴본다.

AI 수출컨설턴트

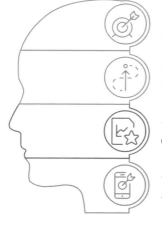

목표 시장 선정
시장 성장, 경쟁 강도 및 진입 장벽 평가

경쟁사 분석
경쟁사 전략과 시장 트렌드 이해

시장 진입 보고서
ChatGPT로 보고서를 신속하게 작성 및 업데이트

시장 조사 프롬프트 템플릿
효과적인 시장 분석을 위한 프롬프트 템플릿 사용

1.
복잡한 해외시장 조사, ChatGPT로 단순화하기

목표 시장 선정(target market selection)은 해외 진출의 첫 단계이자 가장 중요한 전략적 결정이다. 이는 항해를 시작하기 전에 목적지를 정하는 것과 같다. 아무리 뛰어난 제품이라도 잘못된 시장을 선택하면 성공하기 어렵다. 과거 목표 시장 선정은 고비용의 시장 보고서를 구매하거나 현지 전문가의 자문이 필수적이었다. 그러나 이제는 ChatGPT를 활용하여 다양한 공개 데이터를 통합 분석하고, 실질적인 인사이트를 빠르게 얻을 수 있게 되었다. 시장의 성장성(market growth), 경쟁 강도(competitive intensity), 진입 장벽(entry barriers) 등을 종합적으로 평가하여 최적의 목표 시장을 선별할 수 있다.

AI 수출컨설턴트

ChatGPT를 활용한 목표 시장 식별법

거시적 수준 분석(Macro-Level Analysis)은 국가별 경제 지표, 산업 트렌드, 시장 성장률 등을 종합적으로 분석하여 거시적 관점에서 고성장 시장을 빠르게 찾아내는 방법이다. ChatGPT를 활용하면 특정 산업의 성장 가능성이 높은 국가를 비교 분석하고, 시장 진출의 적절한 타이밍을 파악할 수 있다. 수요 지표 분석(Demand Indicators)은 특정 제품에 대한 실제 수요가 존재하는 시장을 찾아내는 과정으로, ChatGPT는 온라인 리뷰, 소셜 미디어 트렌드, 시장 보고서 등을 종합적으로 분석해 수요 패턴을 예측하는 데 도움을 준다. 시장 매력도 평가(Market Attractiveness Evaluation)는 시장 규모, 성장 잠재력, 경쟁 환경 등을 종합적으로 고려하여 각 시장의 매력도를 평가하는 과정으로, 이를 통해 기업은 가장 적합한 시장을 선택하고 자원을 효율적으로 배분할 수 있다.

"동남아시아 지역에서 반려동물 헬스케어 제품의 가장 빠르게 성장하는 시장은 어디인가?"
"베트남, 태국, 말레이시아의 반려동물 헬스케어 시장을 시장 규모와 성장률 측면에서 비교 분석해줘."

이러한 프롬프트를 활용하면 중소기업은 과거보다 훨씬 신속하고 정확하게 해외시장을 분석할 수 있으며, 목표 시장 선정 과정에서의 리스크도 크게 줄일 수 있다.

2.
경쟁사 분석과 트렌드 예측

성공적인 시장 진입 전략을 수립하려면 경쟁 환경(competitive landscape)과 시장 트렌드(market trends)에 대한 명확한 이해가 필수다. 하지만 해외 시장에서는 신뢰할 만한 데이터를 얻기가 어렵고, 경쟁사 정보를 분석하는 데에도 많은 시간과 자원이 소요된다. ChatGPT는 이러한 문제를 해결할 수 있는 강력한 도구다. 공개된 데이터를 빠르게 통합 분석하여 경쟁사의 전략을 파악하고, 소비자 행동 패턴을 예측하며, 새로운 시장 기회를 발견하는 데 결정적인 도움을 준다.

경쟁사 프로파일링과 트렌드 분석

경쟁 환경을 정확히 파악하기 위해 주요 경쟁사의 전략과 역량을 분석해야 한다. ChatGPT를 활용하면 경쟁사의 제품 포트폴리오, 가격 전략, 유통 채널 등을 정밀하게 분석할 수 있다. "싱가포르의 주요 반려동물 헬스케어 기업들은 누구이며, 이들이 제공하는 대표 제품과 가격 전략, 유통 채널은 무엇인가?" 같은 프롬프트를 활용하면 경쟁사를 비교 분석할 수 있다.

또한 시장 트렌드를 분석하려면 소비자 선호도, 기술 혁신, 규제 변화 등을 지속적으로 모니터링해야 한다. "동남아시아 반려동물 헬스케어 시장에서 구매 결정에 가장 큰 영향을 미치는 최근 3가지 트렌드는 무엇인가?" 같은 프롬프트를 활용하면 최신 시장 동향을 신속하게 파악할 수 있다.

시장 기회와 위험 평가

시장 내에서 미충족된 니즈와 잠재적 위험을 명확히 이해하는 것도 중요하다. ChatGPT를 활용하면 특정 시장에서 소비자들이 원하는 제품과 서비스가 무엇인지, 기존 제품이 충족하지 못하는 부분은 무엇인지 파악할 수 있다. "말레이시아 반려동물 헬스케어 시장에서 소비자들의 충족되지 않은 니즈와 시장의 격차(gap)를 분석해줘." 같은 프롬프트를 활용하면 효과적인 시장 기회를 찾을 수 있다.

이러한 분석을 통해 기업은 제품과 서비스의 차별성을 강화할 수 있으며, 경쟁이 심한 시장에서는 틈새 기회를 발굴할 수 있다.

3.
ChatGPT로 시장 진입 보고서 작성

시장 진입 보고서 작성: ChatGPT를 활용한 효과적인 접근법

시장 진입 보고서는 새로운 시장으로의 확장을 고려하는 기업이 전략적 의사 결정을 내리는 데 핵심적인 기반이 된다. 전통적으로 이러한 보고서는 광범위한 데이터 수집과 분석을 필요로 하며, 작성하는 데 수주에서 수개월이 소요되었다. 특히 전문 컨설팅 기업에 의뢰할 경우 상당한 비용이 발생하기 때문에, 중소기업에게는 큰 부담이 될 수 있다.

ChatGPT는 이와 같은 시장 진입 보고서 작성 과정을 획기적으로 개선할 수 있다. 방대한 데이터를 신속하게 분석하고 구조화하여 실무적인 보고서를 생성할 수 있으며, 시장 상황의

AI 수출컨설턴트

변화에 따라 실시간으로 업데이트하는 것도 가능하다. 특히 중
소기업들은 ChatGPT를 활용하여 맞춤형 시장 진입 보고서를
독자적으로 작성할 수 있으며, 이를 통해 보다 신속하고 비용
효율적인 시장 분석을 수행할 수 있다.

시장 진입 보고서의 주요 구성 요소와 ChatGPT 활용 방안

시장 진입 보고서에는 다양한 핵심 분석 내용이 포함되며,
ChatGPT를 활용하여 보다 효과적으로 작성할 수 있다.

구성 요소	핵심 분석 내용	ChatGPT활용 데이터 소스
시장 개요	시장 규모, 성장률, 주요 트렌드	공개 경제 지표, 산업 보고서
규제 환경	인증 요건, 수입 규제, 라벨링 기준	정부 문서, 무역 규정
소비자 분석	구매 행동, 선호도, 가격 민감도	소비자 리뷰, 시장 조사 데이터
경쟁 구도	주요 경쟁사 현황, 시장 점유율	기업 보고서, 뉴스 분석
진입 전략	유통 채널, 가격 전략, 마케팅 방안	종합 데이터 기반 분석

시장 진입 보고서의 주요 분석 영역

1. 시장 개요 (Market Overview)

시장 개요에서는 시장 규모, 성장률, 주요 트렌드, 시장 세그먼트 등을 분석하여 시장 전반의 매력도와 성장 가능성을 평가한다. 또한, 산업 가치 사슬(Industry Value Chain)과 시장 성숙도(Market Maturity) 등을 고려하여 시장 진입 가능성을 종합적으로 판단할 수 있다.

- 활용 프롬프트: "태국의 반려동물 헬스케어 산업에 대한 시장 개요를 작성해주세요. 시장 규모, 성장률, 주요 트렌드를 포함해주세요."(Create a market overview of the pet healthcare industry in Thailand, including market size, growth rate, and key trends.)

2. 규제 환경 (Regulatory Environment)

시장 진입을 위해서는 해당 시장의 법적, 제도적 요구사항을 철저히 분석해야 한다. 주요 요소로는 수출입 규제(Import/Export Regulations), 제품 인증 요건(Product Certification

Requirements), 라벨링 규정(Labeling Requirements), 품질 기준 (Quality Standards) 등이 있으며, 기업이 시장에 진입하기 전에 반드시 준수해야 할 사항들을 파악해야 한다.

- 활용 프롬프트: "말레이시아의 반려동물 헬스케어 제품에 대한 라벨링 규정과 수입 요건을 상세히 설명해주세요."(Detail the labeling regulations and import requirements for pet healthcare products in Malaysia.)

3. 소비자 분석 (Consumer Insights)

소비자 분석에서는 목표 시장의 소비자 특성과 구매 행동을 심층 분석한다. 특히 구매 결정 요인(Purchase Decision Factors), 가격 민감도(Price Sensitivity), 브랜드 선호도(Brand Preferences), 주요 구매 채널(Purchase Channels) 등을 파악하여, 보다 효과적인 마케팅 및 브랜딩 전략을 수립할 수 있다.

- 활용 프롬프트: "베트남에서 반려동물 보조제 구매에 영향을 미치는 주요 요인들을 분석해주세요. 가격 민감도와 브랜드 선호도를 포함해주세요."(Analyze the key factors influencing pet supplement purchases in Vietnam, including price sensitivity and brand preferences.)

4. 경쟁 환경 (Competitive Landscape)

경쟁 환경 분석은 해당 시장 내 경쟁 구도를 종합적으로 평가하는 과정이다. 이를 위해 주요 경쟁사의 시장 점유율, 핵심 제품 및 서비스, 가격 전략, 유통 경로, 브랜드 포지셔닝 등을 분석하고, 경쟁 우위를 확보할 수 있는 차별화 전략을 수립해야 한다.

- 활용 프롬프트: "미국의 반려동물 영양제 시장에서 주요 경쟁사의 포지셔닝과 차별화 전략을 분석해주세요."(Analyze the positioning and differentiation strategies of major competitors in the U.S. pet supplement market.)

5. 전략적 권장사항 (Strategic Recommendations)

모든 분석 결과를 바탕으로 실행 가능한 시장 진입 전략을 제안하는 단계이다. 여기에는 진입 방식(Entry Mode), 포지셔닝 (Positioning), 유통(Distribution), 가격(Pricing), 마케팅(Marketing) 등의 전략을 포함해야 한다.

AI 수출컨설턴트

- 활용 프롬프트: "우리 기업이 동남아시아 반려동물 시장에 성공적으로 진입할 수 있는 포지셔닝 전략을 제안해주세요."(Suggest a positioning strategy for our company to successfully enter the Southeast Asian pet market.)

ChatGPT를 활용한 시장 진입 보고서 작성의 주요 장점

- 신속한 데이터 분석 및 보고서 생성: ChatGPT는 방대한 데이터에서 핵심 정보를 빠르게 분석하여 보고서를 생성할 수 있어, 전통적인 시장 조사보다 훨씬 짧은 시간 내에 보고서 작성이 가능하다.

- 맞춤형 보고서 작성 가능: 기업의 특정 요구 사항과 시장 특성을 반영하여 맞춤형 보고서를 생성할 수 있어, 보다 실용적인 전략 도출이 가능하다.

- 실시간 업데이트 및 최신 정보 반영: 시장의 변화에 따라 보고서 내용을 실시간으로 업데이트할 수 있어, 항상 최신 정보에 기반한 의사결정이 가능하다.

- 비용 절감 효과: 기존의 고비용 컨설팅 서비스 없이도 자체적

으로 시장 분석과 보고서 작성이 가능하여, 중소기업도 글
로벌 시장 진출 전략을 효과적으로 수립할 수 있다.

4.
해외시장 진입전략 프레임워크 활용하기

해외시장 진입전략(market entry strategy)은 시장 조사에서 얻은 인사이트를 실행 가능한 전략으로 전환하는 과정이다. 단순한 시장 조사 결과를 나열하는 것이 아니라, 기업의 역량과 목표 시장의 특성을 종합적으로 고려해 최적의 접근 방식을 결정해야 한다. ChatGPT는 글로벌 컨설팅 기업들이 활용하는 전략 프레임워크를 중소기업도 효과적으로 활용할 수 있도록 지원한다.

해외시장 진입 전략 수립을 위한 주요 고려 요소

전략 영역	주요 고려사항	의사결정 기준
진입 방식	리스크 수준, 자원 요구사항	통제력, 투자 규모
채널 전략	시장 접근성, 비용 효율성	고객 도달률, 운영 비용
진입 시점	시장 성숙도, 경쟁 상황	기회 요인, 리스크

진입 방식 선택(Entry Mode Selection)

해외시장 진입 시 직접 수출(direct exporting), 간접 수출 (indirect exporting), 라이선싱(licensing), 합작 투자(joint venture) 등 다양한 방식이 있다. 선택한 방식에 따라 비용과 리스크 수준이 달라지며, 기업의 역량에 맞춰 최적의 방식을 결정해야 한다. 예를 들어, "우리 회사가 직접 수출과 간접 수출 중 어떤 방식을 선택하는 것이 더 적절한지 비교해줘." 같은 프롬프트를 사용하면 장단점을 명확히 정리할 수 있다.

채널 전략 수립(Channel Strategy Development)

유통 전략은 성공적인 시장 진입을 위한 핵심 요소 중 하나다. 이커머스 플랫폼을 활용하면 초기 비용을 줄일 수 있으며,

AI 수출컨설턴트

현지 유통 파트너와 협력하면 시장 침투 속도를 높일 수 있다. "동남아시아 시장에서 반려동물 헬스케어 제품을 유통하기에 가장 적합한 채널은 무엇인가?" 같은 질문을 던지면 국가별 최적의 유통 전략을 도출할 수 있다.

진입 시점 결정(Market Entry Timing)

시장 성숙도와 경쟁 상황, 기업의 준비 상태를 종합적으로 평가하여 선도자 전략(first-mover strategy)이나 추격자 전략(fast follower strategy) 중 적합한 진입 시점을 결정해야 한다. "베트남 반려동물 시장에서 지금이 적절한 진입 시점인지 분석해줘." 같은 프롬프트를 활용하면 시장 환경을 고려한 전략적 판단이 가능하다.

ChatGPT를 활용한 시장 진입 전략 분석 예시

"태국 반려동물 헬스케어 시장에서 직접 수출과 현지 유통 파트너를 활용한 간접 수출 중 어느 방식이 더 효과적인지 비교 분석해줘."
"동남아시아의 이커머스 플랫폼을 활용한 반려동물 제품 유통 전략을 제안해줘."

"우리 제품이 동남아시아 시장에 진입할 적절한 시점인지 최근 시장 데이터 기반으로 평가해줘."

이처럼 ChatGPT를 활용하면 다양한 진입 전략을 분석하고 비교하여 기업에 가장 적합한 전략을 수립할 수 있다.

프레임워크 활용을 통한 효과적인 시장 진출

해외시장 진입은 단순한 시장 조사만으로는 충분하지 않다. 시장 분석에서 얻은 인사이트를 실행 가능한 전략으로 변환해야 하며, 이를 위해 체계적인 프레임워크를 활용하는 것이 중요하다. ChatGPT를 활용하면 글로벌 컨설팅 기업이 적용하는 전략 프레임워크를 중소기업도 활용할 수 있으며, 시장 조사부터 전략 실행까지의 전 과정을 더욱 효율적으로 수행할 수 있다.

이러한 접근 방식을 통해 중소기업도 대기업 수준의 시장 진입 전략을 수립할 수 있으며, 해외 시장에서의 성공 가능성을 높일 수 있다.

| 제3장 |

글로벌 히트 상품 만들기:
수출 제품 선정과 개발

해외 시장에 성공적으로 진출하기 위한 첫걸음은 적합한 수출 제품을 선정하는 일이다. 아무리 매력적인 시장과 탁월한 진입 전략을 갖추고 있어도 제품 자체가 현지 시장의 니즈를 충족하지 못한다면 성공하기 어렵다. 특히 글로벌 시장은 각국의 문화, 규제, 소비자 요구가 달라 제품 선정과 개발 과정에서의 철저한 분석과 준비가 필수적이다. 이 장에서는 ChatGPT를 활용하여 글로벌 시장에 성공적으로 진출할 수 있는 제품 선정 및 개발 방법을 살펴본다.

AI 수출컨설턴트

ChatGPT를 활용한 제품 현지화 및 혁신

시장 특성 식별

문화적 적합성 분석

규제 요구 사항 검토

시장 매력 극대화

혁신 기회 탐색

제품 기능 개선

개발 및 테스트 계획 수립

1.
글로벌 시장을 위한 제품 잠재력 평가

 수출할 제품의 글로벌 잠재력을 객관적으로 평가하는 것은 성공적인 시장 진출을 위한 첫 번째 관문이다. 이는 제품의 독특한 가치 제안(unique value proposition), 경쟁 우위(competitive advantage), 현지 시장의 적합성(market fit)을 종합적으로 판단하는 과정이다.

 ChatGPT는 다양한 데이터를 분석하여 제품의 시장 적합성을 빠르고 정확하게 평가한다. 예를 들어, 북미 지역에서 방음 건축자재의 수요가 증가하고 있는지를 알아보기 위해 "북미 지역 방음 건축자재의 주요 수요 트렌드는 무엇인가?"("What are the major demand trends for sound-absorbing building materials in North America?")와 같은 프롬프트로 분석을 시작할 수 있다.

AI 수출컨설턴트

ChatGPT를 활용한 제품 잠재력 평가 방법

• 시장 적합성 평가: 제품이 목표 시장의 요구사항과 잘 맞는지 평가한다. 예를 들어, "유럽 친환경 건축자재 시장에서 가장 선호하는 소재와 특징은 무엇인가?"("What features do European consumers prioritize in eco-friendly building materials?")와 같은 질문을 통해 제품의 적합성을 평가할 수 있다.

• 경쟁 우위 분석: "유럽의 친환경 건축자재 시장 주요 경쟁사의 제품 포트폴리오와 가격 전략을 비교 분석해줘."("Compare product portfolios and pricing strategies of major competitors in the European eco-friendly building materials market.")와 같은 프롬프트로 경쟁력 분석을 수행할 수 있다.

• 규제 및 인증 평가: "독일에서 복합소재 건축자재 수입 시 요구되는 규제와 필수 인증은 무엇인가?"("What are the required certifications and import regulations for composite building materials in Germany?")와 같이 규제 관련 질문을 통해 잠재적 규제 리스크를 미리 점검할 수 있다.

이러한 평가를 바탕으로 기업은 제품의 글로벌 시장 진출

가능성을 명확히 판단하고, 잠재적인 리스크를 최소화할 수
있다.

AI 수출컨설턴트

2.
해외시장을 위한 제품 현지화 전략

제품 현지화(product localization)는 해외시장 진입의 성공 여부를 결정짓는 중요한 요소다. 현지 소비자의 문화적 선호도, 법적 규제, 사용 패턴 등 현지 시장 특성을 철저히 분석하여 제품을 조정해야 한다. ChatGPT를 활용하면 각 시장의 고유한 특성을 효율적으로 분석하여 효과적인 현지화 전략을 수립할 수 있다.

ChatGPT를 활용한 제품 현지화 전략

- 문화적 적합성(Cultural Fit): 제품 디자인, 색상, 크기 등 현지 소비자 선호도를 반영하는 것이 중요하다. 예를 들어 "일본 소비자들이 방음 패널 디자인에서 중시하는 요소는 무엇인

가?"("What design features do Japanese consumers prefer in sound-absorbing panels?")와 같은 질문으로 현지 시장의 문화적 요구사항을 반영할 수 있다.

- 규제 준수: 각국의 규제와 인증 요건을 분석하여 제품이 현지 법적 기준을 충족하도록 한다. 예를 들어 "EU에서 친환경 건축자재 수입 시 필수 인증과 라벨링 요구사항은 무엇인가?"("What are the certification and labeling requirements for eco-friendly building materials in the EU?")와 같은 프롬프트를 통해 규제 리스크를 관리할 수 있다.

- 시장 매력도 극대화: 현지 소비자의 관심을 끌 수 있도록 포장, 브랜딩, 디자인 요소를 전략적으로 조정한다. 예를 들어 "영국 소비자에게 어필하는 친환경 제품 패키징의 필수 요소는 무엇인가?"("What are the essential elements of eco-friendly packaging that appeal to U.K. consumers?")와 같은 질문으로 소비자 중심의 현지화가 가능하다.

이러한 체계적인 접근을 통해 글로벌 시장에서 소비자의 관심과 신뢰를 얻는 제품을 개발할 수 있으며, 시장 진입 성공 가능성을 크게 높일 수 있다.

3.
ChatGPT로 혁신적인 제품 개발하기

제품 혁신(product innovation)은 글로벌 경쟁에서 살아남기 위한 필수 요소다. 특히 빠르게 변화하는 소비자 요구와 기술 발전을 반영하여 신속하게 새로운 제품을 개발하고 개선하는 역량이 요구된다. ChatGPT는 시장 조사 단계에서부터 제품 기획, 프로토타입 설계, 테스트 계획 수립까지 제품 혁신 전 과정을 효과적으로 지원할 수 있다.

ChatGPT를 활용한 제품 혁신 단계별 접근법

• 트렌드와 혁신 기회 탐색: "아시아 시장에서 방음 건축자재의 최신 기술 트렌드는 무엇인가?"("What are the latest technological trends for sound-absorbing building materials in Asia?")

와 같은 질문으로 기술 혁신의 방향성을 빠르게 파악할 수 있다.

- 제품 기능 개선: 기존 제품을 더 매력적으로 만드는 혁신적 기능을 추가한다. 예를 들어, "방음 패널이 열 절연(단열) 기능까지 제공할 수 있도록 설계하려면 어떤 기술과 소재가 필요할까?"("How can sound-absorbing panels be designed to include thermal insulation features?")처럼 구체적이고 창의적인 프롬프트를 통해 혁신 아이디어를 얻을 수 있다.

- 효율적인 제품 개발과 테스트: ChatGPT는 제품의 프로토타입 설계부터 제품 테스트 계획까지 개발 과정 전반을 지원한다. "방음 및 단열 기능을 모두 갖춘 복합 패널의 성능을 평가하기 위한 테스트 항목은 무엇인가?"("What should be included in a testing plan for composite panels that provide both sound absorption and thermal insulation?")과 같은 질문으로 체계적이고 효율적인 제품 개발 과정을 설정할 수 있다.

AI 수출컨설턴트

사례로 보는 ChatGPT 활용법: helloKay의 복합 기능 패널 개발

건축자재 전문 기업 helloKay의 사례는 ChatGPT를 활용한 제품 혁신의 가능성을 보여준다. helloKay는 방음 기능과 단열 성능을 결합한 혁신적인 복합 패널(composite panel)을 개발했다. 이 과정에서 ChatGPT를 통해 다음의 결과를 얻을 수 있었다.

- 아시아 시장의 소비자 선호도를 분석하여 한랭 지역 맞춤형 방음-단열 복합 패널이라는 혁신적인 제품 컨셉 도출
- 시장 진입 전, EU와 일본의 규제 요건을 사전에 파악하고, 필요한 인증 획득 전략 수립
- 효과적인 제품 현지화를 위해 국가별 소비자들이 선호하는 디자인 요소 분석 및 적용

해외 시장 진출에서 적절한 바이어를 발굴하는 것은 성공의 핵심 요소입니다. 디지털 시대에는 온라인 플랫폼을 통한 바이어 발굴이 증가하고 있지만, 전통적인 오프라인 채널의 중요성도 여전히 유효합니다. 효과적인 바이어 발굴을 위해서는 이러한 다양한 채널을 전략적으로 활용해야 합니다. ChatGPT는 각 채널별 접근 방법을 최적화하고, 바이어와의 효과적인 커뮤니케이션을 지원함으로써 바이어 발굴 프로세스를 더욱 효율적으로 만들 수 있습니다.

KOTRA TriBIG과 ChatGPT의 통합 활용

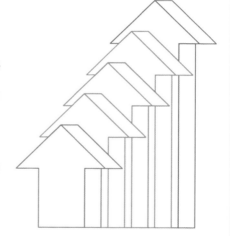

바이어 식별
KOTRA TriBIG 데이터를 사용한 잠재 바이어 식별

맞춤형 전략 개발
ChatGPT로 바이어 프로필을 분석하여 전략 수립

커뮤니케이션 메시지 생성
ChatGPT로 바이어 맞춤형 메시지 작성

리드 검증
AI 도구로 바이어 데이터 검증 및 업데이트

통합 접근의 이점
AI와 전통적 방법의 결합으로 효율성 향상

1.
잠재 바이어 발굴 전략

효과적인 바이어 발굴을 위해서는 온라인과 오프라인 채널을 균형 있게 활용하는 전략이 필요하다. ChatGPT는 각 채널을 최적화하여 더욱 효율적인 바이어 발굴을 가능하게 한다.

온라인 채널 활용 전략

디지털 플랫폼은 전 세계 바이어에게 빠르게 접근할 수 있는 효율적인 수단이다. 대표적인 플랫폼으로는 알리바바(Alibaba), 글로벌소시스(Global Sources), 토마스넷(ThomasNet) 등이 있으며, 이들 B2B 마켓플레이스는 산업과 제품별로 구체적인 바이어를 쉽게 찾아낼 수 있는 이점을 제공한다. 특히 링크드인(LinkedIn)은 글로벌 바이어들과 직접 연결할 수 있는 강력한 네트워크 도구로 활용될 수 있다. "링크드인을 활용하여 말레이시아의 반려동물 헬스케어 바이어와 연결할 수 있는 전문적인 메시지를 작성해줘." 같은 프롬프트를 사용하면 맞춤형 접근이 가능하며, 개별 바이어의 특성을 고려한 메시지를 쉽게 작성할 수 있다.

오프라인 채널 전략적 활용

무역 박람회와 전시회는 여전히 바이어 발굴에 있어 매우 효과적인 수단이다. 광저우 캔톤페어(Canton Fair), 하노버 메세 (Hannover Messe), CES와 같은 국제 박람회는 다수의 바이어와 직접 만나 네트워크를 형성할 수 있는 기회를 제공하며, 산업별로 특화된 전문 박람회도 효과적인 바이어 발굴 경로가 될 수 있다. 예를 들어, 전자·IT 분야는 IFA(베를린)와 MWC(바르셀로나), 기계·산업 분야는 JIMTOF(도쿄)와 EMO(하노버), 소비재 분야는 Ambiente(프랑크푸르트)와 HKTDC(홍콩)가 주요 박람회다. ChatGPT를 활용하면 박람회에서 만난 바이어와의 후속 커뮤니케이션도 효과적으로 진행할 수 있다. "하노버 메세에서 만난 바이어에게 보낼 후속 이메일을 작성해줘." 같은 프롬프트를 사용하면 빠르고 전문적인 후속 조치를 취할 수 있다.

수출지원기관 활용

KOTRA, 무역협회, 지방자치단체 등이 주관하는 전시회, 수출상담회나 무역사절단을 활용하면 사전 검증된 바이어를 효과적으로 발굴할 수 있다. 이러한 프로그램들은 해외 바이어와의 직접적인 연결 기회를 제공하며, 기업의 신뢰도를 높이는 데에도 기여한다.

채널 간 시너지 전략

온라인과 오프라인 채널을 연계하면 바이어 발굴 효과를 극대화할 수 있다. 박람회 참석 전에 온라인에서 잠재 바이어 정보를 사전 분석하고 미리 접촉함으로써 현장 미팅의 성공 가능성을 높일 수 있다.

2.
KOTRA 트라이빅과 ChatGPT의 전략적 연계

KOTRA의 트라이빅(TriBIG)은 글로벌 바이어 정보를 제공하는 플랫폼으로, ChatGPT와 결합하면 더욱 정교한 바이어 발굴 및 아웃리치 전략을 실행할 수 있다.

트라이빅 데이터 활용

트라이빅은 HS 코드 및 키워드, 고객 정보를 기반으로 잠재 유망 바이어를 식별하여 리스트를 제공한다. 이를 활용하면 바이어의 산업, 규모, 수입 이력 등을 분석할 수 있으며, ChatGPT를 활용하면 바이어 리스트를 기반으로 맞춤형 전략을 수립할 수 있다. "다음 바이어 프로필을 분석하여 효과적인 아웃리치 전략을 제안해줘." 같은 프롬프트를 사용하면 보다 정밀한 분석이 가능하다.

맞춤형 커뮤니케이션 설계

바이어별 맞춤형 메시지는 아웃리치 성공률을 결정하는 중요한 요소다. 트라이빅에서 확보한 데이터를 기반으로 ChatGPT를 활용하면 더욱 효과적인 커뮤니케이션이 가능하다. 예를 들어, "싱가포르의 반려동물 보조제 전문 유통업체에게 보내는 helloKay 제품 소개 이메일을 작성해줘." 같은 프롬프트를 사용하면 현지 바이어의 관심을 끌 수 있는 전문적인 메시지를 생성할 수 있다.

리드 검증 및 최신화

ChatGPT는 AI 검색 도구(Perplexity AI 등)와 연계하여 바이어 정보의 최신성과 정확성을 검증하고 보완할 수 있다. "이 바이어 연락처를 Perplexity AI에서 현재 데이터로 대조해줘." 같은 요청을 통해 실시간으로 바이어 정보를 검증할 수 있으며, 최신 정보를 반영해 보다 신뢰도 높은 바이어 리스트를 구축할 수 있다.

통합 접근의 효과

이와 같은 통합적 접근 방식은 바이어 발굴의 품질과 효율성을 크게 높여준다. 데이터 기반 바이어 평가, 맞춤형 아웃리치 전략, 실시간 데이터 업데이트, 리드 우선순위화 등을 통해 단순한 바이어 리스트 확보를 넘어 실제 계약 성사 가능성을 극대화할 수 있다.

3.
AI와 전통적 방법의 시너지 창출

바이어 발굴에서는 AI의 효율적인 데이터 분석과 전통적인 대면 활동을 결합하는 것이 가장 이상적이다.

접근 방식	주요 도구 및 채널	장점	활용 시점
AI기반	트라이빅, LinkedIn, ChatGPT, Perplexity	빠르고 효율적인 데이터 분석 및 탐색	초기 발굴 및 사전 조사
전통적 방법	무역 박람회, 현장 방문, 대면 미팅	직접적 관계 구축, 신뢰 형성	심도 있는 논의 및 관계 구축
통합적 접근	AI 분석 + 대면 활동	효율성과 신뢰성의 균형 확보	전체 프로세스

AI 수출컨설턴트

가상 사례: helloKay의 통합적 바이어 발굴 전략

helloKay는 트라이빅과 링크드인을 활용한 AI 기반의 초기 스크리닝을 통해 동남아시아에서 20개의 잠재 바이어를 효과적으로 선별했다. 이후 국제 박람회에서 대면 미팅을 통해 10개 업체와 깊이 있는 논의를 진행했고, 미팅 후 ChatGPT로 맞춤형 제안서와 후속 이메일을 작성하여 최종적으로 3개 핵심 파트너와 장기적인 협력 관계를 구축했다. 이 사례는 AI와 전통적 방법이 결합했을 때 얼마나 효과적인 결과를 얻을 수 있는지 잘 보여준다.

4.
바이어 아웃리치를 위한 프롬프트 템플릿

효과적인 바이어 커뮤니케이션을 위해 단계별로 검증된 프롬프트를 사용하는 것이 유용하다.

단계	주요 목적	커뮤니케이션 포인트	핵심 고려사항
바이어 식별	적합한 파트너 탐색	시장 조사, 기업 분석	적합성, 신뢰성
최초 접촉	관심 유도, 가치 제안	기업 소개, 제품 차별성	간결성, 전문성
후속 조치	관계 강화, 세부 논의	세부 조건, 다음 단계 제안	신속성, 명확성

• 프롬프트 예시:

"이커머스를 주력으로 하는 동남아시아의 반려동물 제품 유통

       AI 수출컨설턴트

업체 10곳을 찾아줘."

"말레이시아 유력 유통업체에 보낼 helloKay의 VitaPaw 소개 이메일을 전문적으로 작성해줘."

"펫페어아시아에서 만난 바이어에게 보내는 후속 이메일을 작성해줘."

ChatGPT를 활용하면 바이어와의 관계를 더욱 견고히 하고 비즈니스 성공 확률을 높일 수 있다.

국제 무역에서 규정 준수(trade compliance)는 성공적인 수출 운영의 기반이 됩니다. 각 국가는 고유한 무역 규제와 표준을 가지고 있으며, 이러한 규정을 정확히 이해하고 준수하는 것은 비용 손실과 법적 문제를 예방하는 핵심 요소입니다. 특히 중소기업의 경우, 복잡한 국제 무역 규정을 이해하고 준수하는 것이 큰 도전이 될 수 있습니다. ChatGPT는 이러한 복잡한 무역 규정을 이해하고 준수하는 과정을 크게 단순화할 수 있습니다. 국가별 규정과 요구사항을 체계적으로 파악하고, 필요한 문서를 준비하며, 규정 준수를 위한 단계별 가이드를 제공함으로써 수출 프로세스를 효율화할 수 있습니다.

무역 문서화에서 ChatGPT의 역할

문서 템플릿 생성

표준 템플릿을 생성하여 오류를 줄이고 속도를 높입니다.

양식 자동 작성

기본 정보를 사용하여 문서를 자동으로 완성합니다.

규정 준수 검증

문서가 수출입 규정을 충족하는지 확인합니다.

다국어 번역

전문 용어를 포함하여 문서를 번역합니다.

1.
무역 규정과 표준 이해하기

　수출을 시작하기 전, 목표 시장의 무역 규정과 표준을 명확히 파악하는 것이 가장 먼저 해야 할 일이다. 국가마다 적용되는 수입 관세와 세금, 필수 통관 문서, 제품 인증과 규격, 금지 및 제한 품목 등이 다르므로 이를 미리 확인해야 원활한 시장 진입이 가능하다. ChatGPT를 활용하면 각종 규정과 표준을 빠르게 분석하고 실시간으로 업데이트된 정보를 제공받을 수 있다.

수입 관세와 세금(Import Tariffs and Duties) 분석

　각국은 HS 코드(품목 분류 코드)에 따라 수입 관세와 부가세 (VAT)를 부과하며, 국가별로 그 기준이 다르다. 수출 전에 정확

　　　　　　　　　　　　　　　　　AI 수출컨설턴트

한 세율을 파악하지 않으면 예상보다 높은 비용이 발생할 수 있다. ChatGPT를 활용하면 빠르고 정확하게 관세 정보를 조회할 수 있다. 예를 들어, "HS 코드 230910 기준으로 말레이시아에서 반려동물 헬스케어 제품에 적용되는 수입 관세를 알려줘." 또는 "일본으로 유기농 반려동물 보조제를 수출할 때 예상되는 세금과 부가가치세(VAT)를 계산해줘."와 같은 프롬프트를 입력하면 국가별 관세율을 확인할 수 있다.

필수 통관 문서(Customs Documentation) 확인

수출입 과정에서는 상업송장(Commercial Invoice), 포장명세서(Packing List), 원산지 증명서(Certificate of Origin) 등 필수 서류를 준비해야 한다. 국가마다 요구하는 문서가 다르고, 항목이 누락되면 통관이 지연될 수 있다. ChatGPT를 활용하면 국가별 요구사항을 정확하게 확인할 수 있다. 예를 들어, "베트남으로 반려동물 영양 보조제를 수출할 때 필요한 통관 문서 목록을 알려줘." 또는 "태국 세관에서 요구하는 필수 수출 서류를 설명해줘."와 같은 프롬프트를 활용하면 필요한 서류를 사전에 준비할 수 있다.

제품 규정과 표준(Product Regulations and Standards) 분석

각 시장에는 제품 인증, 포장, 라벨링 기준이 다르게 적용된다. 동일한 제품이라도 국가별 규정을 준수하지 않으면 통관이 거부되거나 판매 허가를 받을 수 없다. ChatGPT를 활용하면 목표 시장에서 요구하는 제품 규격과 표준을 미리 파악할 수 있다. 예를 들어, "싱가포르의 반려동물 헬스케어 제품 라벨링 규정을 요약해줘." 또는 "유럽연합(EU)에서 반려동물 보조제에 적용되는 CE 인증 요구사항을 알려줘."와 같은 프롬프트를 입력하면 해당 시장의 필수 규정을 확인할 수 있다.

제한 및 금지 품목(Restricted or Prohibited Items) 검토

특정 국가에서는 수입 제한 품목이나 금지 성분이 있을 수 있으며, 이를 위반하면 제품이 통관에서 거부되거나 벌금이 부과될 수 있다. 따라서 제품에 사용된 원료나 성분이 해당 시장에서 허용되는지 사전에 확인해야 한다. ChatGPT를 활용하면 "태국에서 반려동물 제품 내 특정 허브 성분이 수입 제한되는지 확인해줘." 또는 "말레이시아에서 동물성 단백질이 포함된 보조제의 수입 규정을 설명해줘."와 같은 프롬프트로 국가별 수입 제한 사항을 쉽게 확인할 수 있다.

AI 수출컨설턴트

2.
ChatGPT로 무역 문서 자동화하기

무역 문서는 정확성과 일관성이 필수적이지만, 문서 준비는 상당한 시간이 소요되는 작업이다. ChatGPT는 무역 문서 템플릿 생성, 데이터 입력 지원, 규정 준수 검토, 다국어 번역 등을 통해 문서화 작업을 자동화하고 오류를 최소화할 수 있도록 돕는다.

무역 문서 템플릿 생성(Creating Document Templates)

각국의 수출 서류는 형식과 요구 항목이 다르므로 표준 템플릿을 활용하면 실수를 줄이고 작성 속도를 높일 수 있다. ChatGPT는 기업이 수출하는 국가에 맞는 상업송장, 포장명세서, 원산지 증명서 등의 템플릿을 자동으로 생성할 수 있다. 예

를 들어, "말레이시아 수출용 반려동물 헬스케어 제품의 상업
송장 템플릿을 작성해줘." 또는 "태국 수출을 위한 원산지 증명
서(CoO) 템플릿을 만들어줘."

양식 자동 작성(Filling Out Forms)

수출 기업이 기본 정보를 입력하면 ChatGPT는 자동으로
문서를 완성하고, 필요한 사항을 검토할 수 있다. 예를 들어,
"싱가포르로 VitaPaw 500개를 선적할 때 필요한 포장명세서
를 작성해줘." 또는 "베트남으로 반려동물 영양제를 수출할 때
필요한 세관 신고서를 자동으로 작성해줘."

규정 준수 검증(Compliance Verification)

무역 문서는 현지 규정을 준수해야 한다. ChatGPT를 활용
하면 작성된 문서가 해당 국가의 수출입 규정을 충족하는지 검
토할 수 있다. 예를 들어, "이 상업송장이 태국 수출 기준을 충
족하는지 확인해줘." 또는 "이 제품의 라벨링이 싱가포르 반려
동물 제품 규정을 준수하는지 분석해줘."

다국어 문서 번역(Multilingual Documentation)

수출 서류는 현지 언어로 번역해야 할 때가 많다. ChatGPT 는 전문 무역 용어를 포함한 공식 문서 번역을 지원한다. 예를 들어, "이 원산지증명서를 태국어로 번역해줘. 공식 무역 문서 형식에 맞게." 또는 "이 상업송장을 말레이어로 번역해줘. 현지 세관에서 사용할 수 있도록."

3.
규정 준수를 위한 프롬프트 템플릿 활용

무역 규정 준수는 복잡하고 지속적인 관리가 필요하며, 이를 정확히 수행하지 않으면 예상치 못한 법적 문제나 물류 지연이 발생할 수 있다. 각국의 규제 요건을 빠르게 파악하고 문서화 절차를 효율화하려면 체계적인 접근이 필수적이다. ChatGPT를 활용하면 규정 확인, 문서 작성, 제품 표준 검토, 제한 품목 모니터링 등의 과정에서 신속하고 정확한 정보를 확보할 수 있다. 다음은 규정 준수 과정에서 활용할 수 있는 대표적인 프롬프트 유형과 그 활용 방법이다.

규제 요구사항 식별

각국의 수입 규정과 인증 요건을 정확히 파악하는 것은 시장 진입의 첫 단계다. 예를 들어, "싱가포르로 반려동물 헬스케어 제품을 수출할 때 필요한 세관 규정과 인증 요건을 설명해줘." 또는 "말레이시아에서 반려동물 보조제를 판매하기 위해 필요한 법적 승인 절차를 정리해줘."와 같은 프롬프트를 활용하면 해당 국가의 필수 규정을 빠르게 이해하고, 필요한 인증 절차를 준비할 수 있다.

문서 작성 및 규정 검토

수출 과정에서 필요한 상업송장, 포장명세서, 원산지 증명서 등 무역 문서는 현지 규정과 일치해야 한다. 문서 작성 시 누락된 정보나 오류가 있으면 통관 지연의 원인이 될 수 있으므로, ChatGPT를 활용해 자동화하면 실수를 줄일 수 있다. 예를 들어, "말레이시아로 VitaPaw 1,000개를 수출할 때 필요한 상업송장을 작성해줘." 또는 "태국 수출용 포장명세서를 작성했는데, 현지 세관 요구사항에 부합하는지 검토해줘."와 같은 프롬프트를 활용하면 정확한 문서를 신속하게 준비할 수 있다.

라벨링 및 포장 기준 관리

국가별로 제품 포장과 라벨링 요건이 다르므로, 사전에 이를 검토하지 않으면 시장 진입이 어려울 수 있다. ChatGPT를 활용하면 국가별 기준을 쉽게 확인하고, 제품이 해당 요건을 충족하는지 검토할 수 있다. 예를 들어, "싱가포르에서 반려동물 헬스케어 제품의 라벨링 기준을 설명해줘." 또는 "이 라벨 디자인이 베트남 반려동물 제품 규정을 준수하는지 확인해줘." 와 같은 프롬프트를 입력하면 각국의 표준을 비교하고 필요한 조정을 제안받을 수 있다.

무역 제한 및 금지 품목 모니터링

일부 국가에서는 특정 성분이 포함된 제품의 수입을 금지 하거나, 추가적인 검사를 요구할 수 있다. 이를 사전에 확인하 지 않으면 통관 거부나 벌금 부과 등의 문제가 발생할 수 있 다. ChatGPT를 활용하면 각국의 최신 제한 사항을 지속적으 로 모니터링할 수 있다. 예를 들어, "태국에서 반려동물 보조제 에 포함될 수 없는 성분 목록을 제공해줘." 또는 "유럽연합(EU) 에서 허브 성분이 포함된 반려동물 제품의 수입 제한이 있는 지 확인해줘."와 같은 프롬프트를 활용하면 위험 요소를 사전 에 파악하고 적절한 조치를 취할 수 있다.

이러한 프롬프트를 단계적으로 활용하면 규정 준수를 체계적으로 관리하고, 법적 리스크를 줄이며, 국제 시장에서 신속하고 효율적인 비즈니스 운영을 지원할 수 있다. ChatGPT를 통해 무역 규정을 사전에 검토하고 자동화하면 기업의 수출 프로세스가 보다 안정적이고 효율적으로 운영될 수 있다.

글로벌 시장에서의 성공적인 마케팅은 단순한 번역을 넘어 진정한 현지화(localization)를 필요로 합니다. 각 시장의 문화적 특성과 소비자 선호도를 깊이 이해하고 이를 마케팅 전략에 반영하는 것이 핵심입니다. 이러한 현지화 과정은 복잡하고 많은 자원이 필요할 수 있지만, ChatGPT를 활용하면 더욱 효율적으로 진행할 수 있습니다.

글로벌 마케팅 현지화 전략

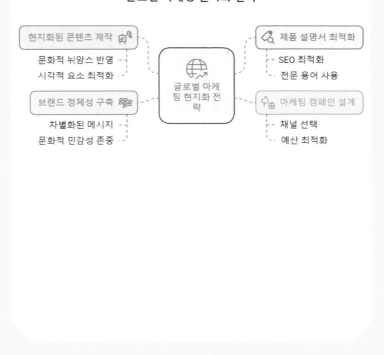

1.
현지화된 마케팅 콘텐츠 제작

글로벌 시장에서는 소비자의 선호도와 문화적 맥락이 다르기 때문에 맞춤형 콘텐츠 제작이 필수적이다. 특히 디지털 시대에는 현지화된 콘텐츠 역량이 마케팅의 성패를 좌우한다. ChatGPT는 시장별 특성을 반영한 마케팅 콘텐츠를 쉽게 제작할 수 있도록 지원한다.

시장 맞춤형 마케팅 콘텐츠 제작

현지 소비자에게 효과적으로 메시지를 전달하려면 문화적 차이를 반영한 콘텐츠가 필요하다. 단순한 번역이 아니라, 현지 소비자들이 공감할 수 있도록 메시지를 정교하게 조정해야 한다. "프랑스 소비자들이 선호하는 친환경 컨셉의 제품

카탈로그를 작성해줘."("Create a product catalog emphasizing eco-friendliness tailored for French-speaking customers.") 같은 프롬프트를 활용하면 특정 시장을 겨냥한 콘텐츠를 제작할 수 있다.

마케팅 콘텐츠의 시각적 요소도 중요한 역할을 한다. 국가별 선호하는 색상, 디자인, 이미지 사용 방식이 다르므로, 이러한 차이를 반영해야 한다. "스웨덴과 노르웨이에서 방음 건축 자재 홍보에 효과적인 시각적 디자인은 무엇인가?"("What visual elements are most effective in promoting sound-absorbing panels in Scandinavian countries?")와 같은 질문을 활용하면 보다 세밀한 콘텐츠 기획이 가능하다.

소셜미디어 마케팅에서도 현지화 전략이 중요하다. 예를 들어, 일본에서는 트위터가 강세지만, 중동 지역에서는 인스타그램과 유튜브가 효과적이다. "일본 소비자를 위한 반려동물 헬스케어 제품의 인스타그램 게시글을 작성해줘."("Write an Instagram post promoting our new pet healthcare product for Japanese consumers.")와 같은 프롬프트를 활용하면 특정 시장에 최적화된 SNS 콘텐츠를 제작할 수 있다.

2.
글로벌 제품 설명서 최적화 전략

제품 설명서(Product Descriptions)는 소비자가 제품의 가치를 쉽게 이해하고 구매로 이어지도록 하는 핵심 요소다. 명확한 언어, 현지에 적합한 키워드, 전문성 있는 번역이 중요하며, ChatGPT를 활용하면 이를 효과적으로 구현할 수 있다.

제품 설명서 최적화를 위한 주요 전략

전략 항목	핵심 목표	ChatGPT활용 방안	기대 효과
현지화된 제품 설명	문화·시장 특성 반영	시장 맞춤형 설명 작성	소비자 이해도 향상
SEO최적화	현지 키워드 전략	현지 검색 트렌드 분석	노출도 증가
언어 품질	자연스러운 번역	무역 및 산업 전문 용어 제공	메시지 전달력 극대화

AI 수출컨설턴트

현지 시장에 맞춘 제품 설명을 작성할 때는 소비자들이 중요하게 생각하는 요소를 반영해야 한다. 예를 들어, "스칸디나비아 시장을 위한 방음 패널 제품 설명서를 친환경성과 내구성 중심으로 작성해줘."("Write product descriptions emphasizing eco-friendliness and durability for sound-absorbing panels in the Scandinavian market.") 같은 프롬프트를 활용하면 각 시장의 핵심 가치와 제품 특성을 연결할 수 있다.

SEO(Search Engine Optimization)도 글로벌 마케팅에서 중요한 요소다. 특정 시장에서 검색 결과 상위에 노출되기 위해서는 현지 소비자들이 자주 검색하는 키워드를 제품 설명에 포함해야 한다. "미국 건설회사들을 위한 친환경 방음 제품에 효과적인 SEO 키워드를 추천해줘." 같은 질문을 활용하면 제품 설명의 검색 최적화를 개선할 수 있다.

3.
글로벌 마케팅 캠페인 설계

글로벌 마케팅 캠페인은 단순히 브랜드를 알리는 것에서 나아가 소비자와 정서적 연결을 형성하는 과정이다. 그러나 각 시장의 문화적 차이로 인해 캠페인 기획이 어려울 수 있다. ChatGPT를 활용하면 시장별 맞춤형 캠페인을 설계하고 실행할 수 있다.

효과적인 글로벌 마케팅 캠페인 구성 요소

캠페인 단계	주요 목표	전략적 접근법	성과 측정 지표
기획	문화적 적합성	현지 맞춤형 테마 개발	소비자 반응
실행	채널 선택, 예산 최적화	시장별 효과적인 채널 배분	ROI증가

평가	고객 반응 분석, 피드백 반영	지속적인 개선	목표 달성률 향상

ChatGPT는 캠페인 아이디어 발굴에서 특히 강점을 가진다. 예를 들어, "인도 도시 지역에서 방음 건축자재의 브랜드 인지도를 높이기 위한 마케팅 캠페인 아이디어를 제시해 줘."("Suggest a marketing campaign idea for soundproofing materials targeting urban areas in India.") 같은 프롬프트를 활용하면 현지화된 독창적인 아이디어를 얻을 수 있다.

소규모 기업에게는 효율적인 예산 사용이 중요하다. 이에 맞춰, "미국 소규모 건설 업체를 위한 비용 효율적인 온라인 마케팅 전략을 제안해줘." 같은 질문을 던지면 경제적이면서도 효과적인 캠페인 전략을 도출할 수 있다.

4.
글로벌 브랜드 정체성 구축

글로벌 시장에서 성공적인 브랜드는 명확한 정체성(Brand Identity)을 기반으로 한다. 차별화된 브랜드 정체성을 확립하면 소비자들의 기억에 남고, 장기적인 충성도를 확보할 수 있다.

브랜드 정체성 구축의 주요 원칙

- 차별화(Differentiation): 경쟁 브랜드와 차별화된 고유한 메시지를 명확히 전달할 것
- 문화적 민감성(Cultural Sensitivity): 현지 시장의 문화적 가치와 규범을 존중할 것
- 일관성(Consistency): 모든 시장과 채널에서 일관된 브랜드 메시지를 유지할 것

AI 수출컨설턴트

브랜드 스토리텔링은 브랜드 정체성을 강화하는 강력한 도구다. "우리 기업의 지속가능성과 혁신 정신을 강조하는 브랜드 스토리를 만들어줘." 같은 프롬프트를 활용하면 브랜드의 핵심 가치를 효과적으로 전달할 수 있다.

또한, 브랜드 메시지를 각 시장에 맞게 최적화할 필요가 있다. 예를 들어, "친환경 건축자재를 생산하는 기업을 위한 글로벌 슬로건을 제안해줘." 같은 요청을 활용하면 브랜드의 정체성을 잘 표현하는 메시지를 도출할 수 있다.

이처럼 ChatGPT를 활용하면 시장별 소비자 특성과 문화적 차이를 반영한 브랜드 정체성을 빠르게 구축할 수 있으며, 글로벌 시장에서 경쟁력을 갖춘 브랜드로 자리 잡을 수 있다.

| 제7장 |
전략적 가격 책정, 협상 및 계약

성공적인 국제 거래를 위해서는 전략적인 가격 책정, 효과적인 협상, 그리고 견고한 계약 구조가 필요합니다. 특히 글로벌 시장에서는 환율 변동, 물류비용, 규제 요건 등 다양한 변수들이 가격 경쟁력과 수익성에 영향을 미치며, 문화적 차이는 협상과 계약 과정을 한층 복잡하게 만듭니다. 이 장에서는 ChatGPT를 활용하여 시장 경쟁력을 유지하면서 수익성을 확보하는 방법, 문화적 차이를 고려한 협상 전략, 그리고 리스크를 최소화하는 계약 구조화 방안을 체계적으로 살펴보겠습니다.

AI 수출컨설턴트

가치와 비용을 기반으로 한 가격 책정 전략 비교

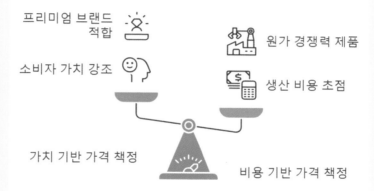

프리미엄 브랜드 적합

소비자 가치 강조

원가 경쟁력 제품

생산 비용 초점

가치 기반 가격 책정

비용 기반 가격 책정

1.
글로벌 가격 모델 구축

글로벌 시장에서의 가격 책정은 시장 특성, 경쟁 구도, 비용 구조를 고려한 체계적인 접근이 필요하다. ChatGPT는 시장 데이터를 분석하여 현실적이고 전략적인 가격 설정을 지원할 수 있다.

가격 전략 구축을 위한 ChatGPT 활용법

목표 시장의 정확한 가격 정보를 파악하는 것이 출발점이다. "독일 시장에서 친환경 방음 패널의 평균 소매 가격은 얼마인가요?"(What is the average retail price for eco-friendly soundproof panels in Germany?)와 같은 질문을 통해 시장의 가격대를 파악할 수 있다.

AI 수출컨설턴트

비용 및 수익성을 고려한 가격 설정도 필수적이다. "제품당 생산비용이 20달러, 배송비가 5달러일 때, 미국 시장에서 30% 이윤을 달성할 수 있는 최적의 소매가는 얼마인가요?"(With a production cost of $20 and shipping cost of $5 per unit, what retail price should I set to achieve a 30% profit margin in the U.S.?)와 같은 프롬프트를 활용하면 원하는 수익률을 보장하는 가격을 계산할 수 있다.

또한 시장 변화에 유연하게 대응하는 동적 가격 전략 (dynamic pricing)이 필요하다. "북미 주택 리모델링 시장에 적합한 계절별 할인 전략을 제안해주세요."(Suggest a seasonal discount strategy for soundproofing products targeting the North American home renovation market.) 같은 질문을 통해 시기별 최적의 가격 정책을 수립할 수 있다.

2.
가치 기반 가격 책정 vs. 비용 기반 가격 책정

가격 책정 전략은 제품의 시장 포지셔닝과 장기적 수익성에 큰 영향을 미친다. ChatGPT를 통해 두 가지 주요 가격 책정 전략을 체계적으로 비교하고 가장 적합한 전략을 선택할 수 있다.

요소	가치 기반 가격 책정	비용 기반 가격 책정	하이브리드 접근법
기준	소비자가 느끼는 제품 가치	생산 및 운영 비용	가치와 비용의 균형
적합한 상황	프리미엄 브랜드, 차별화된 제품	원가 경쟁력이 중요한 제품	고유 기술 보유 제품

가치 기반 가격 책정(value-based pricing)은 소비자가 인식하는

AI 수출컨설턴트

제품의 가치를 강조하여 가격을 책정하는 방식이다. 예를 들어, "스웨덴의 친환경 소비자가 가장 중요하게 생각하는 방음 패널의 가치는 무엇인가요?"(What benefits of eco-friendly acoustic panels resonate most with environmentally conscious consumers in Scandinavia?)와 같은 질문을 통해 핵심 고객층이 중요하게 여기는 요소를 분석하고 프리미엄 가격 전략을 설정할 수 있다.

반면 비용 기반 가격 책정(cost-based pricing)은 생산 비용을 기반으로 가격을 산출하는 방식이다. "생산 비용이 $15이고 배송 비용이 $3인 제품의 최소 가격은 얼마로 설정해야 20%의 마진을 유지할 수 있나요?"(With production cost at $15 and shipping at $3 per unit, what is the minimum selling price to maintain a 20% profit margin?) 같은 질문을 활용하면 적절한 가격 설정이 가능하다.

고유 기술이나 독점 특허가 있는 제품에는 하이브리드 가격 책정 전략이 효과적이다. "특허받은 방음 기술에 프리미엄을 적용한 가격 책정 전략을 추천해줘."(Recommend a pricing strategy incorporating a premium for our patented soundproofing technology.) 같은 질문을 통해 차별화된 가격 전략을 수립할 수 있다.

3.
글로벌 협상 롤플레이

　국제 비즈니스 협상에서는 철저한 준비와 문화적 이해가 성공의 핵심이다. ChatGPT는 다양한 협상 시나리오를 가상으로 시뮬레이션하여 효과적인 협상 준비를 돕는다.

협상 단계	대응 전략	ChatGPT 활용 예시
가격 협상	가치 중심 논리 제시	"가격 할인을 요청하는 일본 유통업체와 협상하는 시나리오를 진행해줘."
조건 협의	유연한 옵션 제안	"지급 조건 변경을 요청하는 독일 바이어를 위한 적절한 대응안을 제안해줘."
문화적 대응	지역 문화에 맞는 소통 방식	"중동 바이어와 가격 협상에서 주의할 문화적 특성은 무엇인가요?"

　　　　　　　　　　　　　　　　AI 수출컨설턴트

ChatGPT를 활용한 협상 롤플레이를 통해 다양한 시나리오를 연습하면 실제 협상에서 더 높은 성공률을 확보할 수 있다.

4.
계약서 작성 및 리스크 관리

명확하고 포괄적인 계약서는 국제 거래의 안정성을 보장하는 핵심 요소다. ChatGPT는 계약서 작성부터 리스크 관리까지 전 과정을 지원한다.

- 기본 계약서 작성: "독일로 방음 패널을 수출하기 위한 판매 계약서를 작성해줘. 지불 조건, 배송 책임 및 보증 사항을 포함해줘."(Draft a sales agreement for exporting soundproofing panels to Germany, including payment terms, shipping responsibilities, and warranty conditions.)

- INCOTERMS 적용: "프랑스로 수출할 때 CIF와 DDP의 차이점을 비교하고 더 유리한 옵션을 추천해줘."(Explain the

AI 수출컨설턴트

differences between CIF and DDP and recommend which is better for exporting to France.)

- 맞춤형 계약 조건 추가: "특허 기술을 보호하기 위한 계약서의 특별 조항을 추가해줘."(Add special clauses to the contract to protect our patented technology.)

5.
문화적 차이를 고려한 협상 및 계약 전략

국제 협상과 계약은 문화적 이해와 민감성이 필수다. ChatGPT는 각 지역의 문화적 차이를 반영한 협상 및 계약 전략을 효과적으로 지원한다.

지역	문화적 특성	협상 전략
독일	정밀성, 명확성 중시	상세하고 구체적인 문서 준비
일본	간접적 소통, 신뢰 중시	예의 바르고 인내심 있는 접근
중동	관계 중심, 유연한 접근 선호	신뢰 구축 중심의 관계 지향

문화적 특성을 이해하고 이를 반영한 전략적 접근은 협상과 계약 성공률을 높이는 핵심 요소다. 예를 들어, "일본 바

AI 수출컨설턴트

이어의 지연된 결제 문제를 정중하면서도 명확히 언급하는 이 메일을 작성해줘."(Draft a polite yet firm email addressing delayed payments from a Japanese buyer.) 같은 요청을 활용하면 문화적 민감성을 반영한 효과적인 대응이 가능하다.

| 제8장 |
물류와 공급망 관리
최적화

효율적인 물류 관리는 국제 무역의 성공을 좌우하는 핵심 요소입니다. 특히 중소기업의 경우, 복잡한 물류 프로세스를 효과적으로 관리하는 것이 큰 도전이 될 수 있습니다. 적시 배송과 고객 만족을 보장하기 위해서는 체계적인 물류 시스템 구축과 운영이 필수적입니다. 현대의 국제 물류는 단순한 상품 운송을 넘어 전체 공급망의 효율적 관리를 요구합니다. 이 장에서는 ChatGPT를 활용하여 물류 프로세스를 최적화하고, 비용을 절감하며, 운영 효율성을 높이는 방법을 살펴보겠습니다.

AI 수출컨설턴트

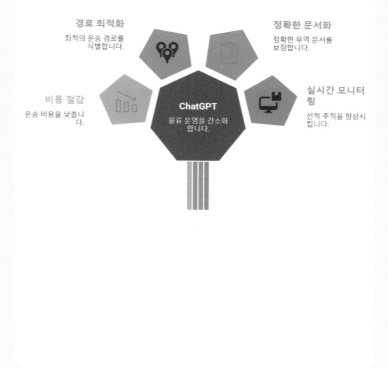

ChatGPT가 국제 물류 효율성을 최적화합니다.

경로 최적화
최적의 운송 경로를
식별합니다.

정확한 문서화
정확한 무역 문서를
보장합니다.

비용 절감
운송 비용을 낮춥니
다.

ChatGPT
물류 운영을 간소화
합니다.

실시간 모니터
링
선적 추적을 향상시
킵니다.

1.
국제 물류 프로세스 간소화

국제 물류는 복잡한 절차와 다양한 비용 요소가 존재한다. ChatGPT는 비용 관리, 경로 최적화, 문서 작성과 같은 물류 운영의 핵심 업무를 체계적으로 간소화할 수 있도록 돕는다.

ChatGPT를 활용한 국제 물류 최적화 방법

효율적인 물류 운영을 위해서는 비용 절감과 신속한 납기 준수를 고려한 최적의 프로세스가 필요하다. ChatGPT를 활용하면 선적 비용 분석부터 운송 경로 최적화, 필수 문서 작성까지 자동화하여 물류 관리를 체계적으로 수행할 수 있다.

선적 비용 분석은 수익성 확보의 기초이다. "베트남에서 싱

AI 수출컨설턴트

가포르까지 500kg의 반려동물 보조제를 항공 운송할 때 예상되는 비용을 계산해주세요."(Estimate the shipping cost for transporting 500kg of pet supplements from Vietnam to Singapore via air freight.) 같은 질문을 통해 물류 비용을 예측하고 예산을 최적화할 수 있다.

효율적인 물류 경로 설정도 중요하다. "태국에서 말레이시아까지 가장 빠르고 비용 효율적인 운송 경로는 무엇인가요?"(What is the fastest and most cost-effective transportation route from Thailand to Malaysia?)라는 질문을 활용하면 최적의 운송 경로와 수단을 선정할 수 있다.

정확한 문서화는 원활한 물류의 필수 요소이다. "일본으로 선적할 칼미칼라 1,000개에 대한 선하증권 샘플을 작성해주세요."(Create a bill of lading sample for shipping 1,000 units of CalmiCollar to Japan.) 같은 요청으로 필수 무역 문서를 정확히 준비할 수 있다.

실시간 물류 모니터링도 중요하다. "선적 상태 업데이트를 요청하는 이메일 템플릿을 작성해주세요."(Draft an email template requesting an update on the shipping status.) 같은 프롬프트를 활용하면 운송 상황을 효과적으로 관리할 수 있다.

물류 프로세스 최적화의 핵심 원칙

- 비용 관리: 물류 비용을 명확히 분석하고 전략적으로 절감한다.
- 유연성 유지: 변화하는 시장 요구에 신속히 대응 가능한 유연한 시스템을 구축한다.
- 가시성 확보: 실시간으로 추적 가능한 투명한 물류 시스템을 유지한다.

AI 수출컨설턴트

2.
공급망 리스크 관리

공급망 운영에서는 예측 불가능한 리스크가 발생할 수 있다. ChatGPT는 이러한 리스크를 사전에 식별하고 관리 전략을 수립하여 탄력적이고 안정적인 공급망 구축을 가능하게 한다.

공급망 리스크 유형 및 대응 전략

리스크 유형	주요 고려 사항	대응 방안
운영 리스크	배송 지연, 품질 문제	대체 공급자 확보, 재고 관리
공급업체 리스크	신뢰성, 품질 관리	정기 평가, 이중 소싱 전략
외부 환경 리스크	자연재해, 정책 변화	비상 대응 계획 마련

리스크 사전 분석을 통해 위험 요소를 미리 파악할 수 있다. "베트남 항만에서 예상 가능한 물류 리스크는 무엇인가요?"(What are the potential logistics risks at ports in Vietnam?) 같은 질문을 활용하면 사전 대응이 가능하다.

시나리오 기반 대응 전략도 중요하다. "항만 혼잡으로 인해 배송 지연이 발생할 경우 어떤 조치를 취해야 하나요?"(What actions should I take if port congestion causes shipping delays?) 같은 질문을 활용하면 대체 운송 계획을 수립할 수 있다.

공급업체 관리는 공급망 안정성 확보에 필수적이다. "반려동물 제품 공급업체 평가를 위한 신뢰성 체크리스트를 작성해주세요."(Create a reliability checklist for evaluating pet product suppliers.)라는 요청을 통해 공급업체 평가의 체계성을 높일 수 있다.

비용 리스크 평가를 통해 잠재적 추가 비용을 예측하는 것도 중요하다. "항공 화물 운송이 3일 지연되면 추가 비용이 얼마나 발생할까요?"(How much additional cost will be incurred if air freight is delayed by three days?) 같은 질문을 활용하면 리스크 대비 비용을 계산할 수 있다.

3.
효과적인 물류 조정과 문제 해결

원활한 물류 운영을 위해서는 공급업체, 운송업체, 고객 간의 효과적인 의사소통과 신속한 문제 대응 능력이 필수적이다. ChatGPT는 다양한 이해관계자 간의 조정과 긴급 상황에서의 문제 해결을 효과적으로 지원할 수 있다.

ChatGPT를 활용한 물류 조정 및 문제 해결 전략

물류 조정 영역	주요 활동	ChatGPT 활용 방안
이해관계자 간 조정	공급업체, 운송업체 협력 관리	"공급업체와 운송업체 간의 국제 수출 조정 체크리스트를 작성해주세요."
배송 문제 해결	배송 지연, 경로 변경	"태국에서 발생한 항만 혼잡으로 인한 배송 지연 시 효과적인 대응책은 무엇인가요?"

긴급 대응 계획 수립	중단 상황 평가 및 대처 방안	"악천후로 인해 지연된 선적물에 대한 비상 경로 계획을 제안해주세요."

이해관계자 간 효과적인 조정을 위해 "공급업체와 운송업체 간의 국제 수출 조정 체크리스트를 작성해주세요."(Create a coordination checklist for managing international exports between suppliers and logistics providers.) 같은 프롬프트를 활용하면 명확한 역할 분담과 원활한 협력이 가능해진다.

즉각적인 문제 해결이 필요한 상황에서는 "태국에서 발생한 항만 혼잡으로 인한 배송 지연 시 효과적인 대응책은 무엇인가요?"(What are the best solutions for handling shipping delays due to port congestion in Thailand?) 같은 프롬프트를 활용하면 구체적인 해결책을 신속하게 도출할 수 있다.

비상 시나리오 계획을 마련하는 것도 중요하다. "악천후로 인해 지연된 선적물에 대한 비상 경로 계획을 제안해주세요."(Suggest an alternative shipping route for goods delayed due to severe weather conditions.) 같은 질문을 통해 긴급 상황에서도 신속하게 대응할 수 있다.

AI 수출컨설턴트

| 제9장 |
지속 가능한 성장을 위한
수출 운영 전략

성공적인 수출 운영은 재무적 성과를 넘어 다양한 측면에서의 균형 잡힌 성장을 필요로 합니다. 매출과 수익률은 중요한 지표이지만, 지속 가능한 성장을 위해서는 고객 만족도, 운영 효율성, 시장 점유율, 브랜드 가치 등 다양한 성과 지표들을 종합적으로 평가하고 개선해야 합니다.

AI 수출컨설턴트

시장 분석을 통한 전략적 확장

**시장 트렌드
식별**

최신 글로벌 트렌드
파악

**시장 잠재력
평가**

성장 가능성이 높은
시장 평가

**고객 인사이트
도출**

소비자 선호에 대한
인사이트 얻기

**소비자 니즈
평가**

미충족 소비자 요구
분석

1.
종합적 성과 관리: 재무 지표를 넘어

전통적인 성과 관리는 매출, 이익률과 같은 재무적 지표를 중심으로 이루어졌지만, 글로벌 시장에서는 시장 점유율, 고객 만족도, 브랜드 가치와 같은 비재무적 지표까지 함께 고려해야 한다. ChatGPT를 활용하면 다양한 데이터를 종합적으로 분석하여 운영의 문제점을 파악하고 실질적인 개선 방안을 도출할 수 있다.

고객 만족도 평가와 개선

국제 바이어의 피드백을 분석하고 고객 만족도를 개선하는 것은 장기적인 수출 성공을 위해 필수적이다. 고객 리뷰, 재구매율, 반품 사유 등을 종합적으로 평가하면 반복적으로 발

AI 수출컨설턴트

생하는 문제를 파악하고 효과적인 해결책을 마련할 수 있다. 예를 들어, "국제 바이어의 고객 리뷰에서 반복적으로 나타나는 제품 품질 문제를 분석하고 개선책을 제안해줘."(Analyze recurring product quality issues mentioned in international buyer reviews and suggest improvements.)와 같은 프롬프트를 활용하면 품질 개선을 위한 구체적인 인사이트를 얻을 수 있다.

운영 효율성 모니터링

운영 효율성을 높이기 위해서는 리드 타임, 배송 정확도, 물류 비용 등을 주기적으로 평가하고 개선해야 한다. 특히 배송 지연은 고객 만족도에 직접적인 영향을 미치는 요인이므로, 원인을 분석하고 해결책을 마련하는 것이 중요하다. "동남아 지역 수출 과정에서 반복적으로 발생하는 배송 지연 원인을 분석하고 개선 방안을 제시해줘."(Analyze recurring shipping delays in Southeast Asia and propose solutions.)라는 프롬프트를 활용하면 물류 최적화 전략을 구체화할 수 있다.

시장 침투율 분석

성장 가능성이 높은 시장을 타겟팅하고, 시장 내 브랜드 점유율을 지속적으로 모니터링하는 것은 수출 확대 전략의 핵심 요소다. 특정 시장에서의 판매 실적과 경쟁 상황을 분석하면 효과적인 시장 공략법을 도출할 수 있다. "태국 시장에서 VitaPaw의 시장 점유율이 지난 1년간 변동한 주요 요인을 분석해줘."(Analyze key factors affecting VitaPaw's market share changes in Thailand over the past year.)라는 질문을 통해 시장 내 제품의 입지를 객관적으로 평가하고, 점유율 확대를 위한 전략을 수립할 수 있다.

브랜드 인지도 향상 전략

글로벌 시장에서 브랜드 인지도를 높이는 것은 장기적인 성공을 위해 반드시 고려해야 할 요소다. 특히 디지털 마케팅과 현지 프로모션이 브랜드 인지도에 미치는 영향을 정량적으로 평가하고, 효과적인 마케팅 전략을 수립해야 한다. "베트남에서 진행한 최근 SNS 캠페인이 브랜드 인지도에 미친 영향을 분석하고, 개선 아이디어를 제안해줘."(Analyze the impact of our recent SNS campaign on brand awareness in Vietnam and suggest improvements.)라는 프롬프트를 활용하면 캠페인의 성과를 평가하고, 향후 마케팅 방향을 최적화할 수 있다.

AI 수출컨설턴트

종합적인 성과 관리는 단순한 평가를 넘어 지속적인 개선이 이루어져야 한다. ChatGPT를 활용하면 데이터를 기반으로 문제점을 정확히 파악하고 실행 가능한 해결책을 도출할 수 있으며, 이를 통해 수출 운영의 전반적인 경쟁력을 높일 수 있다.

2.
새로운 시장 기회 분석

수출 확대를 위해서는 기존 시장을 유지하는 것뿐만 아니라 새로운 시장을 지속적으로 탐색하고 평가하는 것이 필수적이다. ChatGPT는 최신 시장 트렌드 분석, 경쟁 환경 평가, 소비자 니즈 탐색을 통해 기업이 효과적으로 기회를 발굴하고 전략적으로 시장을 공략할 수 있도록 지원한다.

시장 트렌드 분석

급변하는 글로벌 시장에서 최신 트렌드를 파악하는 것은 중요한 경쟁력 요소다. 소비자의 구매 패턴 변화, 새로운 제품 카테고리의 부상, 정책 변화 등이 기업의 수출 전략에 미치는 영향을 분석하면 시장 진입 기회를 효과적으로 포착할 수 있

AI 수출컨설턴트

다. "최근 동남아시아의 반려동물 헬스케어 시장에서 주목할 만한 트렌드를 분석해줘."(Analyze key emerging trends in the pet healthcare market in Southeast Asia.)라는 프롬프트를 활용하면 특정 지역의 주요 트렌드를 빠르게 파악할 수 있다.

미충족 소비자 니즈 평가

경쟁 시장에서 차별화를 이루기 위해서는 기존 경쟁사들이 충족하지 못한 소비자 니즈를 분석하고, 이를 기반으로 제품을 기획해야 한다. "싱가포르 시장에서 경쟁사들이 충족하지 못한 고객의 니즈는 무엇인가?"(Identify unmet customer needs in the Singaporean market that competitors have not addressed.)와 같은 프롬프트를 활용하면 새로운 시장 기회를 찾아낼 수 있으며, 차별화된 제품 및 서비스 전략을 수립할 수 있다.

유망 시장 탐색

모든 시장이 동일한 성장 가능성을 가지는 것은 아니다. 국가별 경제 성장률, 소비자 소득 수준, 산업 발전 단계 등을 종합적으로 분석하여 성장 잠재력이 높은 시장을 선별하는 것이 중요하다. "아시아 지역 중 친환경 반려동물 제품의 성장 잠재력이 가장 높은 국가는 어디인가?"(Which country in Asia has the highest growth potential for eco-friendly pet products?)라는 질문을 통해 가장 유망한 시장을 찾아낼 수 있다.

고객 중심적 인사이트 도출

신규 시장에 진입할 때 가장 중요한 것은 소비자의 요구를 정확히 이해하는 것이다. 제품의 어떤 특징이 소비자에게 어필하는지 분석하면 효과적인 마케팅과 브랜딩 전략을 수립할 수 있다. "유럽 고객들이 helloKay의 제품을 선택하는 이유를 분석하고, 추가적인 제품 개선 사항을 제안해줘."(Analyze why European customers choose helloKay's products and suggest additional improvements.)라는 프롬프트를 활용하면, 유럽 시장에서 성공적인 제품 포지셔닝 전략을 수립할 수 있다.

새로운 시장 기회를 효과적으로 분석하고 활용하면 글로벌 확장의 가능성이 더욱 커진다. ChatGPT를 활용해 시장의 변화를 빠르게 파악하고, 실행 가능한 전략을 지속적으로 도출하는 것이 중요하다.

3.
전략적 개선을 위한 프롬프트 템플릿 활용법

수출 운영을 지속적으로 개선하려면 명확한 데이터 분석을 바탕으로 실행 가능한 전략을 도출해야 한다. 이를 위해 구조화된 프롬프트를 활용하면 문제의 원인을 효과적으로 파악하고, 최적의 해결책을 도출할 수 있다.

운영 효율화

운영 비용 절감과 프로세스 최적화는 수출 기업의 경쟁력 강화에 핵심적인 요소다. 특히 물류, 유통, 생산과 관련된 비용을 줄이고, 효율성을 높이는 것이 중요하다. 예를 들어, "싱가포르로의 수출 과정에서 운영 비용을 절감할 수 있는 구체적인 방법을 제안해줘."(Suggest specific ways to reduce operational costs in the export process to Singapore.)라는 프롬프트를 활용하면 물류비 절감 방안, 대체 운송 경로, 창고 비용 최적화 등의 해결책을 도출할 수 있다.

고객 만족도 향상

고객의 신뢰를 유지하고 브랜드 충성도를 높이기 위해서는 반복적으로 제기되는 문제를 정확히 분석하고, 실질적인 개선책을 마련해야 한다. 예를 들어, "북미 바이어들이 반복적으로 제기한 불만을 분석하고 이를 해결하기 위한 전략을 수립해줘."(Analyze recurring complaints from North American buyers and develop a strategy to resolve them.)라는 질문을 활용하면 주요 불만 요소를 파악하고, 품질 개선, CS(Customer Service) 강화, 배송 서비스 개선 등의 실질적인 해결책을 마련할 수 있다.

경쟁력 확보

국제 시장에서 지속적인 성장을 이루기 위해서는 경쟁사와의 차별화 전략이 필요하다. ChatGPT를 활용하면 각 시장별 경쟁 상황을 분석하고, 우리 제품이 차별화될 수 있는 전략을 도출할 수 있다. 예를 들어, "말레이시아 반려동물 시장에서 경쟁사와 차별화될 수 있는 제품 전략을 제안해줘."(Propose a product strategy to differentiate from competitors in the Malaysian pet market.)라는 프롬프트를 활용하면 가격, 기능, 디자인, 유통 방식 등에서 차별화된 접근법을 모색할 수 있다.

이처럼 ChatGPT를 활용한 구조화된 프롬프트는 단순한 데이터 수집을 넘어 실행 가능한 전략을 도출하는 데 큰 도움이 된다. 이를 통해 기업은 보다 정교한 수출 운영 개선 전략을 수립할 수 있다.

4.
피드백 루프 구축과 데이터 기반 의사결정

지속적인 수출 성과 개선을 위해서는 고객 및 내부 데이터를 정기적으로 수집하고 분석하며, 이를 바탕으로 의사결정을 최적화하는 시스템을 구축해야 한다. ChatGPT는 이러한 피드백 루프를 효과적으로 설계하고 운영하는 데 유용한 도구가 될 수 있다.

피드백 수집 및 분석

정확한 데이터를 확보하려면 체계적인 피드백 수집이 필요하다. 정기적인 설문조사, 고객 인터뷰, 판매 데이터를 활용해 바이어와 소비자의 만족도를 평가할 수 있다. 예를 들어, "북미 지역 바이어의 물류 서비스 만족도 평가를 위한 설문지를 작성해줘."(Create a survey to assess logistics service satisfaction for North American buyers.)라는 프롬프트를 활용하면 실질적인 고객 피드백을 수집할 수 있다.

주요 피드백 분석 및 개선책 도출

수집된 피드백을 효과적으로 분석하고 실행 가능한 개선 전략을 수립해야 한다. 예를 들어, "지난 분기 동안 아시아 바이어들의 불만 사항을 분석하고 개선 방안을 제안해줘."(Analyze complaints from Asian buyers in the last quarter and suggest improvements.)라는 프롬프트를 활용하면, 제품 품질, 배송 서비스, 가격 정책 등에서 개선이 필요한 요소를 파악하고, 실질적인 해결 방안을 도출할 수 있다.

성과 공유 및 데이터 시각화

성과 분석을 효과적으로 전달하려면 보고서 및 데이터 시각화를 통해 인사이트를 공유하는 것이 중요하다. "지난 분기의 고객 피드백을 정리하여 주요 개선 포인트를 요약한 보고서를 작성해줘."(Summarize key customer feedback from the last quarter into a concise report with improvement points.)와 같은 프롬프트를 활용하면 수출 운영 개선을 위한 내부 커뮤니케이션이 더욱 원활해진다.

데이터 기반의 피드백 루프를 정기적으로 운영하면 기업은 보다 객관적인 정보에 기반한 의사결정을 내릴 수 있으며, 지속적인 성과 개선을 위한 체계적인 전략을 수립할 수 있다.

5.
지속가능한 성장과 경쟁력 확보

국제 시장에서 장기적인 성공을 거두기 위해서는 시장 변화를 지속적으로 모니터링하고, 전략적 개선을 통해 경쟁력을 확보해야 한다. ChatGPT를 활용하면 실시간으로 변화하는 글로벌 시장의 흐름을 분석하고, 실행 가능한 전략을 도출할 수 있다.

시장 반응 지속적 분석

특정 시장에서 제품의 점유율을 높이기 위해서는 시장 내 소비자의 반응을 지속적으로 모니터링하고, 이에 맞는 대응 전략을 개발해야 한다. 예를 들어, "북미 시장에서 VitaPaw 제품의 점유율을 높이기 위한 효과적인 전략은 무엇인가?"(Suggest an effective strategy to increase VitaPaw's market share in North America.)라는 질문을 활용하면, 프로모션 강화, 유통 채널 확대, 가격 조정 등의 전략을 구체화할 수 있다.

경쟁 환경 모니터링 및 대응 전략 개발

경쟁사의 전략 변화를 모니터링하고 이에 대한 효과적인 대응 방안을 마련하는 것도 필수적이다. "최근 동남아시아 경쟁사들이 채택한 전략의 변화와 그로 인한 우리 회사의 대응 방안을 분석해줘."(Analyze recent strategic changes among competitors in Southeast Asia and suggest countermeasures for our company.)라는 프롬프트를 활용하면 경쟁사 대비 차별화된 전략을 구축할 수 있다.

고객 중심적 혁신 제안

소비자의 요구가 지속적으로 변화하는 만큼, 제품과 서비스 혁신을 통해 경쟁력을 유지해야 한다. "최근 글로벌 소비자 트렌드를 기반으로 VitaPaw 제품에 추가할 수 있는 혁신적인 기능을 제안해줘."(Suggest innovative features to add to VitaPaw based on recent global consumer trends.)라는 프롬프트를 활용하면, 최

AI 수출컨설턴트

신 트렌드에 맞춘 제품 개선 방향을 도출할 수 있다.

장기적 성장 전략 수립

지속 가능한 성장을 위해서는 단기적인 실적 향상을 넘어, 장기적인 브랜드 전략과 시장 포지셔닝을 고려해야 한다. 이를 위해 ChatGPT를 활용하면 미래의 시장 변화를 예측하고, 중장기적인 성장 로드맵을 수립할 수 있다.

ChatGPT를 활용한 지속적인 시장 모니터링과 전략적 개선을 통해 기업은 글로벌 시장에서의 경쟁력을 유지하고, 장기적인 성장을 지속할 수 있다.

제2부

글로벌 비즈니스 프레임워크로 중소기업 수출 역량 강화

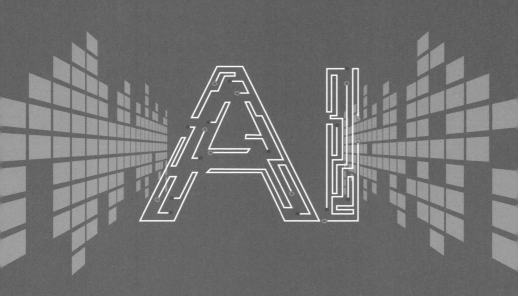

| 제10장 |
수출 컨설팅의
비즈니스 프레임워크

비즈니스 프레임워크(Business Framework)는 조직이 복잡한 과제를 분석하고, 다양한 선택지를 평가하며, 데이터에 기반한 의사결정을 내리는 데 도움을 주는 구조화된 도구입니다. 맥킨지, BCG, 딜로이트와 같은 글로벌 컨설팅 기업들이 발전시켜 온 이러한 프레임워크들은 그동안 중소기업들에게는 다소 복잡하고 접근하기 어려운 것으로 여겨져 왔습니다. 하지만 ChatGPT의 등장으로 이러한 전문적인 분석 도구들이 중소기업들도 쉽게 활용할 수 있게 되었습니다. 이 장에서는 수출 컨설팅에서 비즈니스 프레임워크가 어떤 역할을 하는지, ChatGPT가 어떻게 이러한 프레임워크의 적용을 단순화할 수 있는지, 그리고 최대의 효과를 얻기 위해 기업별 특성에 맞게 어떻게 조정해야 하는지를 살펴보겠습니다.

중소기업을 위한 ChatGPT 기반 전략적 프레임워크

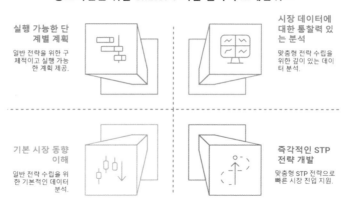

**실행 가능한 단
계별 계획**

일반 전략을 위한 구
체적이고 실행 가능
한 계획 제공.

**시장 데이터에
대한 통찰력 있
는 분석**

맞춤형 전략 수립을
위한 깊이 있는 데이
터 분석.

**기본 시장 동향
이해**

일반 전략 수립을 위
한 기본적인 데이터
분석.

**즉각적인 STP
전략 개발**

맞춤형 STP 전략으로
빠른 시장 진입 지원.

1.
비즈니스 프레임워크의 역할

수출 컨설팅에서 비즈니스 프레임워크는 복잡한 문제를 명확히 진단하고 전략적 방향을 제시하는 핵심 도구이다. 특히 글로벌 시장에 진입하는 중소기업에게 전략적 명확성과 실행 가능성을 높이는 데 중요한 역할을 한다.

- 시장 환경에 대한 체계적 분석: 비즈니스 프레임워크는 복잡한 글로벌 시장의 변화를 체계적으로 분석하여 의사결정의 질을 높인다. 예를 들어, "동남아시아 시장 진출을 위한 PESTEL 분석을 수행하고, 기회와 위협을 명확히 정리해 줘."와 같은 프롬프트로 시장 이해도를 높일 수 있다.

- 전략적 일관성 유지: 조직의 다양한 의사결정과 실행 활동이

AI 수출컨설턴트

장기적인 목표와 일치하도록 지원한다. 특히 프레임워크는 전략적 우선순위를 명확히 하고, 조직 내 의사결정의 일관성을 높여준다.

- 효과적 자원 배분 지원: 중소기업은 제한된 자원을 효율적으로 활용해야 하므로, 프레임워크는 자원 배분의 전략적 우선순위를 설정하는 데 도움이 된다. 이를 통해 시장에서 경쟁력을 유지하면서 장기적 성장을 달성할 수 있다.

- 실행 가능성 중심의 인사이트 제공: 프레임워크를 활용하면 추상적인 분석에서 벗어나 실질적이고 실행 가능한 통찰력을 도출할 수 있다. "싱가포르 수출 시장의 잠재 리스크를 분석하고 대응책을 제시해줘"와 같은 프롬프트로 구체적 해결책을 찾을 수 있다.

프레임워크 활용의 핵심 원칙은 체계성(Systematic Approach), 실행 가능성(Actionability), 지속적 개선(Continuous Improvement)이다.

2.
중소기업을 위한 프레임워크 적용 방법

비즈니스 프레임워크는 중소기업의 전략 수립과 의사결정을 돕는 강력한 도구다. ChatGPT를 활용하면 중소기업도 복잡한 프레임워크를 쉽게 이해하고, 빠르게 실무에 적용할 수 있다.

적용 단계	주요 내용	기대 효과
데이터 분석	AI를 활용한 신속한 시장 및 환경 분석	효율적 정보 수집과 분석
전략 도출	맥락 기반 맞춤형 전략 수립	실행 가능성 향상
실행 지원	구체적 실행 계획 제공	빠른 실행력 확보

• 빠른 데이터 분석과 통찰력 도출: ChatGPT를 이용하면 방

AI 수출컨설턴트

대한 시장 데이터를 빠르게 분석하여 전략적 통찰력을 얻을 수 있다. 예를 들어, "말레이시아 반려동물 보조제 시장에서 경쟁 구도를 분석해줘"와 같은 요청을 통해 즉각적인 분석을 얻을 수 있다.

- **맞춤화된 전략 제안**: ChatGPT는 기업의 개별 상황에 맞는 맞춤형 전략을 즉시 제공한다. "미국 시장 진출을 원하는 한국 친환경 건축자재 업체를 위한 STP 전략을 수립해줘"와 같은 프롬프트로 구체적인 전략 수립을 지원한다.

- **효율적인 자원과 시간 활용**: 복잡한 분석 작업을 단축하여 중소기업이 전략 실행과 성과 개선에 더 집중할 수 있도록 돕는다.

3.
프레임워크 이론과 실무 간의 간격 좁히기

많은 중소기업이 비즈니스 프레임워크의 개념과 실제 적용 사이의 간극에서 어려움을 겪는다. ChatGPT는 이론적 개념을 실제 비즈니스 환경에 맞게 실용적으로 전환해 중소기업이 보다 쉽게 활용할 수 있도록 돕는다.

영역	핵심 역할	활용 방법
이론의 실무화	복잡한 개념을 간단히 설명	실무에 적용 가능한 언어로 표현
구체적 전략 제시	맥락 기반 실행 계획 제공	즉각적 적용 가능한 전략 제시
전략의 유연한 조정	변화하는 시장에 신속 대응	실시간 정보 반영하여 전략 수정

AI 수출컨설턴트

- 복잡한 개념의 간단한 설명: ChatGPT는 복잡한 비즈니스 프레임워크를 누구나 이해하기 쉬운 언어로 제공한다. "SWOT 분석을 간단한 용어로 우리 업종에 맞게 설명해줘"와 같은 프롬프트로 빠르게 이해할 수 있는 설명을 얻을 수 있다.

- 구체적 전략으로 전환: ChatGPT는 분석된 내용을 실제 상황에 맞는 실천 가능한 전략으로 바꿔준다. 예를 들어, "PESTEL 분석 결과를 토대로 베트남 시장 진입 전략을 구체적으로 제시해줘"와 같은 요청을 통해 실질적인 실행 전략을 얻을 수 있다.

- 전략의 유연한 업데이트: 시장 환경 변화에 따라 실시간으로 전략을 업데이트하고, 유연하게 대응하도록 돕는다. "최근 판매 데이터를 기반으로 인도네시아 진출 전략을 수정해줘"와 같은 프롬프트로 전략의 신속한 조정이 가능하다.

4.
기업 맥락 기반 프레임워크 맞춤화

성공적인 비즈니스 프레임워크 활용은 기업의 맥락과 목표를 명확히 전달하는 데서 시작한다. 기업의 산업 특성, 규모, 위치, 목표 등을 명확히 전달하면 더욱 정확하고 실행 가능한 전략을 얻을 수 있다.

맥락 요소	전달할 정보	기대 효과
기업 특성	산업 분야, 기업 규모, 위치	정확한 전략 맞춤화
제품과 서비스	핵심 제품의 경쟁력, 강점, 한계	효과적 시장 진입 전략 수립
전략 목표	목표 시장, 성장 목표, 당면 과제	명확한 목표 설정 및 실행 가능성

AI 수출컨설턴트

- **맥락 정보의 명확한 제공:** 전략 수립 시 프롬프트에 기업 맥락을 명확히 제공하면 ChatGPT가 더욱 정밀한 결과를 제공할 수 있다. 예를 들어, "일본 고급 건축시장 진출을 목표로 하는 한국 친환경 자재기업의 SWOT 분석을 해줘. 특히 품질과 혁신성을 강조해줘"와 같은 프롬프트가 효과적이다.

- **목표 지향적 접근:** 프롬프트 작성 시 구체적 목표를 포함하면 AI가 더욱 적합한 전략을 제안한다. "미국 시장에서 경쟁 제품 대비 가격이 높은 VitaPaw 보조제의 차별화 전략을 제시해줘"처럼 명확한 목표를 설정하면 실용적인 답변을 얻을 수 있다.

- **지속적 검증과 업데이트:** 프레임워크 결과를 실제 시장과 정기적으로 비교하고 업데이트함으로써 전략의 실효성을 유지한다.

중소기업은 ChatGPT를 활용하여 복잡한 비즈니스 프레임워크를 효과적으로 적용하고, 시장 변화에 맞춰 유연하게 전략을 조정함으로써 글로벌 시장에서 지속가능한 성장을 이룰 수 있다.

시장 조사는 성공적인 수출 전략의 기초가 된다. 새로운 시장에 진출하기 전에 기회와 위험을 체계적으로 평가하고, 이를 바탕으로 효과적인 진입 전략을 수립하는 것이 필수다. 특히 중소기업의 경우, 제한된 자원으로 최대의 효과를 얻기 위해서는 더욱 철저하고 효율적인 시장 조사가 필요하다. 이 장에서는 ChatGPT를 활용하여, 전문 컨설팅 기업의 전략적 프레임워크를 실무에 효과적으로 적용할 수 있는 구체적인 방법을 살펴본다.

시장 분석 프레임워크

PESTEL 분석

거시환경 요인을 분석하는 도구.

포터의 다섯 가지 힘

산업 내 경쟁력을 분석한다.

SWOT 분석

강점, 약점, 기회 및 위협을 평가하는 프레임워크.

1.
PESTEL 분석: AI로 거시환경 요인 탐색하기

PESTEL 분석은 목표 시장의 정치적(Political), 경제적(Economic), 사회적(Social), 기술적(Technological), 환경적(Environmental), 법적(Legal) 요인을 종합적으로 분석하는 도구다. ChatGPT를 활용하면 복잡한 거시 환경 분석을 간소화하여 빠르게 실무적으로 적용할 수 있다.

거시환경 분석의 체계화

시장에 대한 총체적 이해가 필요할 때 ChatGPT를 활용하면 국가별 거시환경 요인을 빠르게 정리할 수 있다. 예를 들어, "베트남 신재생 에너지 부문에 대한 PESTEL 분석을 수행해줘."(Perform a PESTEL analysis for the renewable energy sector in

AI 수출컨설턴트

Vietnam.)와 같은 프롬프트를 활용하면 정치적 리스크부터 법적 규제까지 다양한 요소를 포괄적으로 파악할 수 있다.

시장 트렌드 식별과 분석

시장 트렌드는 시간이 지나면서 변화하므로 지속적인 모니터링이 필수적이다. "동남아시아의 신재생 에너지 시장에 영향을 주는 최신 규제 변화는 무엇인가?"(What are the latest regulatory developments affecting the renewable energy market in Southeast Asia?)와 같은 프롬프트를 활용하면 실시간으로 변화하는 정책과 트렌드를 분석할 수 있다.

실행 가능한 전략 도출

PESTEL 분석의 핵심은 단순한 정보 수집이 아니라, 이를 기반으로 실질적인 대응 전략을 마련하는 것이다. 예를 들어, "브라질에 수출할 때 정치적 리스크를 줄일 수 있는 전략을 제안해줘."(Suggest strategies to mitigate political risks in exporting to Brazil.)와 같은 프롬프트를 활용하면 실제 운영에 적용할 수 있는 구체적인 방안을 도출할 수 있다.

효과적인 PESTEL 분석의 핵심 원칙은 모든 요소를 포괄적

으로 분석(Comprehensive) 하고, 현재뿐만 아니라 미래 변화 가
능성을 고려한 동적(Dynamic) 접근을 유지하며, 실질적 실행 가
능성(Practicality) 을 고려한 전략을 도출하는 것이다.

2.
SWOT 분석: 내부 강점과 외부 기회 연계하기

SWOT 분석은 기업의 강점(Strengths), 약점(Weaknesses), 기회(Opportunities), 위협(Threats) 을 체계적으로 평가하여 전략적 우위를 찾는 데 활용되는 프레임워크다. 내부 역량을 명확히 분석하고 외부 기회를 효과적으로 활용할 수 있도록 지원하는 것이 핵심이다.

내부 역량의 객관적 평가

기업의 강점과 약점을 명확히 파악하는 것이 전략 수립의 출발점이다. 예를 들어, "호주 시장 진입을 준비하는 소규모 친환경 포장 기업의 주요 강점과 약점을 분석해줘."(Analyze the key strengths and weaknesses of a small eco-friendly packaging company preparing to enter Australia.)와 같은 프롬프트를 활용하면 내부 자원의 경쟁력을 평가하고, 보완해야 할 사항을 명확히 도출할 수 있다.

시장 기회와 위협의 체계적 분석

외부 환경 분석을 통해 시장에서 활용할 수 있는 기회와 극복해야 할 위협을 명확히 파악해야 한다. 예를 들어, "미국 유기농 스킨케어 시장의 주요 기회와 위협을 분석해줘."(Identify key opportunities and threats in the organic skincare market in the U.S.)와 같은 질문을 활용하면 해당 시장에서 경쟁력을 갖추기 위해 고려해야 할 요소를 종합적으로 정리할 수 있다.

전략적 실행으로 연결하기

SWOT 분석을 통해 도출된 인사이트는 반드시 실행 가능한 전략으로 이어져야 한다. 예를 들어, "이 SWOT 분석의 약점을 극복하고 강점을 최대한 활용하는 구체적인 전략을 제안해줘."(Suggest specific strategies to address weaknesses and fully leverage strengths identified in this SWOT analysis.)와 같은 프롬프트를 활용하면 실질적인 대응 전략을 수립할 수 있다.

　　　　　　　　　　　　AI 수출컨설턴트

SWOT 분석을 효과적으로 활용하는 원칙

- 객관성(Objectivity): 감정적인 판단을 배제하고 데이터 기반의 분석을 수행해야 한다.

- 연계성(Connectivity): 내부 강점과 외부 기회를 연계하고, 내부 약점과 외부 위협 간의 관계를 분석해야 한다.

- 실행 가능성(Actionability): 분석 결과를 실제 전략으로 적용할 수 있도록 구체적인 실행 방안을 도출해야 한다.

ChatGPT를 활용하면 SWOT 분석을 단순한 평가에서 끝내는 것이 아니라, 이를 실질적인 전략으로 연결할 수 있도록 지원할 수 있다. 이를 통해 기업은 목표 시장에서 경쟁력을 강화하고, 지속적인 성장을 위한 기반을 구축할 수 있다.

3.
포터의 5가지 힘: 시장 경쟁 구조 분석하기

포터의 5가지 힘 분석(Porter's Five Forces Analysis)은 특정 산업의 경쟁 환경을 분석하여 기업이 경쟁 우위를 확보할 수 있는 전략을 수립하는 데 활용된다. 이 프레임워크는 구매자의 협상력(Bargaining Power of Buyers), 공급자의 협상력(Bargaining Power of Suppliers), 신규 진입자의 위협(Threat of New Entrants), 대체재의 위협(Threat of Substitutes), 기존 경쟁자의 경쟁 강도(Industry Rivalry)로 구성되며, 이를 통해 기업이 시장에서 직면할 위험과 기회를 분석할 수 있다.

경쟁 요소별 분석과 ChatGPT 활용법

기업이 목표 시장의 경쟁 환경을 명확히 이해하기 위해서는

 AI 수출컨설턴트

각 요소를 세밀하게 평가해야 한다. ChatGPT를 활용하면 특정 산업의 경쟁 구조를 분석하고 전략을 수립하는 과정을 보다 효율적으로 수행할 수 있다.

- **구매자의 협상력 분석:** 구매자가 가격, 품질, 공급 조건 등을 협상할 수 있는 힘이 강하면, 기업의 수익성에 직접적인 영향을 미친다. "유럽 패션 산업에서 구매자의 협상력 수준을 분석해줘."(Assess the bargaining power of buyers in the European fashion industry.)와 같은 프롬프트를 활용하면 소비자들의 가격 민감도, 브랜드 충성도, 대체 제품의 존재 여부 등을 분석할 수 있다.

- **공급자의 협상력 평가:** 공급업체가 가격을 조정할 수 있는 힘이 강하면 기업의 원가 관리가 어려워진다. 예를 들어, "글로벌 반려동물 헬스케어 산업에서 주요 원료 공급자의 협상력은 어느 정도인가?"(Evaluate the bargaining power of key raw material suppliers in the global pet healthcare industry.)와 같은 요청을 통해 공급망의 안정성을 평가하고, 공급업체와의 협상 전략을 수립할 수 있다.

- **신규 진입자의 위협 분석:** 진입 장벽이 낮으면 신규 경쟁자

가 시장에 쉽게 진입할 수 있어 기존 기업들의 시장 점유율이 위협받는다. ChatGPT를 활용해 "일본의 반려동물 헬스케어 시장에서 신규 진입자의 위협을 평가해줘."(Evaluate the threat of new entrants in the Japanese pet healthcare market.) 같은 분석을 수행하면, 정부 규제, 초기 투자 비용, 브랜드 충성도 등의 요인을 고려한 전략적 대응 방안을 마련할 수 있다.

• 대체재의 위협 평가: 소비자들이 특정 제품을 대체할 다른 옵션을 쉽게 찾을 수 있다면 가격 압박이 커지고 기업의 수익성이 저하될 수 있다. "미국의 식물성 반려동물 보조제 시장에서 대체재의 위협을 평가해줘."(Analyze the threat of substitutes in the U.S. market for plant-based pet supplements.)와 같은 프롬프트를 통해 대체 제품의 존재 여부와 시장에서의 영향력을 분석할 수 있다.

• 기존 경쟁자의 경쟁 강도 분석:경쟁이 치열한 시장에서는 가격 인하 경쟁과 차별화 전략이 필수적이다. ChatGPT를 활용해 "동남아시아의 반려동물 영양제 시장에서 기존 경쟁자의 경쟁 강도를 분석해줘."(Assess the level of industry rivalry in the Southeast Asian pet supplement market.)와 같은 요청을 하면 경쟁 기업 수, 시장 점유율 변화, 가격 경쟁 여부 등을 종합

AI 수출컨설턴트

적으로 평가할 수 있다.

포터의 5가지 힘 분석은 시장의 경쟁 강도를 측정하고 기업이 장기적으로 경쟁력을 유지할 수 있는 전략을 설계하는 데 필수적인 도구다. ChatGPT를 활용하면 보다 신속하고 체계적으로 분석을 수행할 수 있으며, 이를 통해 기업의 시장 대응력을 높일 수 있다.

4.
진입 방식 선정 프레임워크 활용하기

해외 시장 진입 시 가장 중요한 결정 중 하나는 어떤 방식으로 시장에 진출할 것인지를 정하는 것이다. 기업이 선택할 수 있는 진입 방식에는 직접 수출(Direct Exporting), 합작 투자(Joint Venture), 프랜차이징(Franchising), 완전 자회사(Wholly Owned Subsidiary) 등의 옵션이 있으며, 각각의 방식은 서로 다른 장점과 위험을 수반한다.

주요 진입 방식과 ChatGPT 활용법

각 진입 방식에 대한 분석을 ChatGPT를 활용하여 체계적으로 수행할 수 있다.

- **직접 수출**(Direct Exporting): 중개업체나 해외 유통업체를 통해 직접 제품을 수출하는 방식으로, 초기 투자 비용이 적고 리스크가 낮다. 하지만 현지 시장에 대한 이해도가 부족하면 마케팅과 브랜드 구축이 어려울 수 있다. "말레이시아 시장에 직접 수출할 경우 주요 장점과 단점을 분석해줘."(Analyze the key advantages and disadvantages of direct exporting to the Malaysian market.)와 같은 프롬프트를 활용하면 현실적인 평가가 가능하다.

- **합작 투자**(Joint Venture): 현지 기업과의 협력을 통해 시장에 진입하는 방식으로, 현지 네트워크를 활용할 수 있다는 장점이 있지만 운영상 복잡성이 증가할 수 있다. 예를 들어, "베트남에서 현지 기업과 합작 투자 방식으로 진입할 때 고려해야 할 주요 요인은 무엇인가?"(What are the key considerations for entering Vietnam through a joint venture with a local company?)와 같은 요청을 통해 구체적인 전략을 설계할 수 있다.

- **프랜차이징**(Franchising): 브랜드 라이선스를 제공하여 해외 시장에서 빠르게 확장할 수 있는 방식이지만, 브랜드 이미지 관리가 어려울 수 있다. "중동 시장에 프랜차이징 방식으로 진입할 때의 장단점을 분석해줘."(Analyze the advantages and disadvantages of franchising when entering the Middle Eastern market.)와 같은 프롬프트를 활용하면 최적의 진입 전략을 검토할 수 있다.

- 완전 자회사(Wholly Owned Subsidiary): 기업이 직접 해외에 법인을 설립하고 운영하는 방식으로, 브랜드 통제력이 높지만 초기 투자 비용이 크고 리스크가 높다. "유럽 시장에서 완전 자회사 설립 방식으로 진입하는 것이 적절한지 평가해줘."(Assess whether establishing a wholly owned subsidiary is a suitable market entry strategy for Europe.)와 같은 분석을 통해 기업의 역량과 시장 환경을 종합적으로 고려할 수 있다.

진입 방식 선정의 핵심은 기업의 전략적 목표(Alignment), 가용 자원(Resource Availability), 리스크 관리(Risk Management)를 명확히 고려하는 것이다. ChatGPT를 활용하면 각 방식의 장단점을 체계적으로 평가하고, 기업의 상황에 맞는 최적의 선택을 할 수 있도록 지원할 수 있다.

5.
글로벌 시장 우선순위화:
GE-McKinsey Matrix 활용하기

　글로벌 시장에서의 성공적인 확장을 위해서는 자원을 효율적으로 배분하고, 가장 유망한 시장을 전략적으로 선정하는 과정이 필수적이다. GE-McKinsey Matrix는 시장 매력도(Market Attractiveness)와 기업의 사업 역량(Business Strength)을 기준으로 시장을 평가하는 강력한 도구로, 이를 활용하면 기업이 어느 시장에 집중 투자할지, 유지할지, 철수할지를 명확히 결정할 수 있다.

시장 매력도 평가

　시장 매력도를 평가할 때는 시장 규모, 성장률, 경쟁 강도,

소비자 구매력, 규제 환경 등의 요소를 종합적으로 고려해야 한다. ChatGPT를 활용하면 특정 시장의 매력도를 신속하게 분석할 수 있다. 예를 들어, "유럽의 친환경 반려동물 보조제 시장에서 가장 성장 가능성이 높은 국가는 어디인가?"와 같은 프롬프트를 사용하면 시장별 성장 잠재력을 비교 분석할 수 있다.

사업 역량 평가

기업의 사업 역량은 해당 시장에서 브랜드 인지도, 유통 네트워크, 생산 역량, 기술적 차별성, 마케팅 역량 등을 기반으로 평가된다. 경쟁 환경과 내부 역량을 객관적으로 분석하면, 기업이 각 시장에서 얼마나 효과적으로 경쟁할 수 있는지를 예측할 수 있다. "helloKay가 일본과 유럽 시장 중 어디에 먼저 진출하는 것이 유리한지 GE-McKinsey Matrix를 사용해 분석해줘"라는 요청을 하면, 기업 역량과 시장 매력도를 종합적으로 고려한 전략적 판단을 내릴 수 있다.

우선순위 결정과 실행 전략

GE-McKinsey Matrix를 활용한 시장 분석은 단순한 평가

AI 수출컨설턴트

에 그치는 것이 아니라, 기업의 전략적 의사결정과 직접 연결되어야 한다. 매트릭스를 통해 높은 점수를 받은 시장은 집중 투자 대상으로 설정하고, 중간 점수의 시장은 제한적 투자 또는 점진적 확장 전략을 채택하며, 낮은 점수를 받은 시장은 모니터링 대상 또는 철수 전략을 고려해야 한다. 이를 실행 전략으로 연결하기 위해 "태국과 베트남 반려동물 시장의 매력도를 비교하고, helloKay가 어느 시장에 집중 투자해야 하는지 분석해줘"라는 프롬프트를 활용하면, 시장 우선순위에 따라 구체적인 실행 방안을 도출할 수 있다.

GE-McKinsey Matrix는 객관적이고 체계적인 시장 분석을 바탕으로 최적의 시장 진입 전략을 수립하는 도구로, ChatGPT를 활용하면 방대한 데이터를 신속하게 정리하고 비교할 수 있다. 또한, 시장 환경이 변화함에 따라 새로운 데이터를 반영해 전략을 지속적으로 업데이트할 수 있어, 글로벌 시장에서의 장기적인 성공 가능성을 극대화할 수 있다.

성공적인 수출 전략의 핵심은 올바른 바이어를 식별하고 견고한 파트너십을 구축하는 것입니다. 많은 중소기업들이 해외 진출 과정에서 신뢰할 수 있는 파트너를 찾는 데 어려움을 겪고 있습니다. 검증된 비즈니스 프레임워크와 ChatGPT를 결합하면, 제한된 자원을 가진 중소기업도 효과적으로 잠재 바이어를 발굴하고 지속가능한 파트너십을 구축할 수 있습니다.

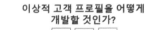

이상적 고객 프로필을 어떻게 개발할 것인가?

고객 특성

고객의 규모, 구매력 및 산업 요구 사항을 정의하여 적합성을 보장합니다.

시장 세그먼트

프리미엄 제품과 가장 잘 맞는 특정 지역의 고객 그룹을 식별합니다.

구매자 페르소나

맞춤형 마케팅 전략을 위한 상세한 고객 유형을 만듭니다.

1.
이상적 고객 프로필:
AI로 잠재력 높은 바이어 식별하기

이상적 고객 프로필(Ideal Customer Profile, ICP)은 기업의 제품이나 서비스에 가장 적합한 고객을 정의하는 전략적 프레임워크다. ICP 설정은 마케팅 효율성을 높이고 영업 주기를 단축하며, 장기적인 파트너십 가능성을 높인다. ChatGPT를 활용하면 시장별, 산업별로 특화된 ICP를 효과적으로 개발할 수 있다.

- 이상적 바이어 특성 도출: "What characteristics should I consider for an ideal customer profile for my eco-friendly packaging business targeting the U.S. market?"와 같은 프롬프트로 제품 및 목표 시장에 부합하는 바이어의 기업 규모, 구매력, 산업 요구사항 등을 명확히

파악할 수 있다.

- **시장 세그먼트 분석**: "Which customer segments in Europe align with a premium pet food brand's target profile?"와 같은 프롬프트로 ICP와 가장 잘 맞는 시장 세그먼트를 구체적으로 식별할 수 있다.

- **바이어 페르소나 개발**: "Create a buyer persona for a mid-sized distributor of organic pet products in Southeast Asia"와 같은 프롬프트로 상세한 마케팅과 영업 전략에 필요한 페르소나를 개발할 수 있다.

[표 12-1] ICP 프레임워크의 주요 구성 요소

평가 영역	주요 지표	분석 포인트	전략적 의미
기업 특성	규모, 산업, 위치	기본 적합성 평가	초기 스크리닝
비즈니스 수요	구매력, 구매 주기	수익성 분석	재무적 가치
운영 역량	물류, 유통 네트워크	실행 가능성 평가	운영 효율성
성장 잠재력	시장 점유율, 확장 계획	미래 가치 예측	장기 파트너십 구축

2.
파트너 가치사슬 분석:
파트너십의 적합성과 가치 평가하기

파트너 가치사슬 분석(Partner Value Chain Analysis)은 잠재적 파트너의 핵심 활동과 역량을 평가하여 수출기업과의 시너지를 판단하는 프레임워크다. 재무적 평가뿐 아니라 파트너의 운영 프로세스와 기업 문화까지 포괄적으로 평가한다.

- 파트너 활동의 체계적 분석: "Analyze the value chain of a distributor in the Middle East for sustainable fashion products"와 같은 프롬프트로 파트너의 조달부터 고객 서비스까지 전체 프로세스를 상세히 분석할 수 있다.

- 전략적 적합성 평가: "What traits should I look for in a

AI 수출컨설턴트

logistics partner to support e-commerce deliveries in North America?"와 같은 프롬프트로 특정 비즈니스 목표와 파트너 역량 간 적합성을 평가한다.

- **파트너십 조건 최적화**: "What partnership terms should I negotiate with a distributor to ensure shared responsibilities in marketing costs?"처럼 구체적인 협력 조건을 도출하여 상호 이익이 되는 파트너십을 설계할 수 있다.

3.
시장 세분화: 효과적인 틈새시장 정의와 타겟팅

시장 세분화(Market Segmentation)는 시장을 공통 특성의 그룹으로 나누어 기업이 잠재력 높은 세그먼트에 집중하도록 지원한다. ChatGPT를 활용하면 제한된 자원으로 효과적인 시장 진입 전략을 수립할 수 있다.

[표 12-2] 시장 세분화 프레임워크

성장 잠재력	주요 지표	분석 포인트	전략적 의미
인구통계학적	연령, 소득, 직업	기본 특성 분석	목표 고객 명확화
행동적	구매 패턴, 선호도	소비자 행동 분석	마케팅 전략 최적화
지리적	지역, 도시화 수준	시장 접근성 평가	유통 전략 수립

AI 수출컨설턴트

심리적	가치관, 라이프스타일	니즈 분석	제품 포지셔닝 최적화

- **시장 세분화 기준 식별**: "What are effective segmentation variables for the organic pet food market in Asia?"와 같은 프롬프트로 효과적인 세분화 변수를 찾아낼 수 있다.

- **세그먼트 잠재력 평가**: "Which market segments in the U.S. offer the highest potential for sustainable home goods?"와 같은 프롬프트로 각 세그먼트의 매력도와 수익성을 평가할 수 있다.

- **세그먼트별 전략 최적화**: "What strategies can I use to target health-conscious millennials in Europe?"처럼 각 세그먼트에 맞춘 마케팅 및 영업 전략을 세울 수 있다.

4.
BANT 프레임워크: 수출 성공을 위한 바이어와 파트너 검증

BANT 프레임워크(Budget, Authority, Need, Timing)는 거래 가능성이 높은 바이어나 파트너를 효과적으로 검증하여 자원을 집중할 수 있도록 지원한다. ChatGPT는 BANT 평가를 효율적이고 체계적으로 수행할 수 있게 돕는다.

[표 12-3] BANT 평가 프레임워크

평가 요소	주요 지표	분석 포인트	전략적 의미
예산(Budget)	구매력, 투자 계획	재무상태 평가	거래 실현성
권한(Authority)	의사결정권, 영향력	조직내 위치	협상 전략
필요성(Need)	시장/운영 문제	문제 시급성	가치 제안 명확화
시기(Timing)	구매주기, 계획	실행 가능성	영업 우선순위

AI 수출컨설턴트

- 바이어 준비도 평가: "Does this buyer in Germany meet the BANT criteria for purchasing solar panels?"처럼 바이어의 BANT 기준 충족도를 평가할 수 있다.

- 맞춤형 메시징 전략: "Create a pitch for a buyer with budget constraints but a strong need for eco-friendly building materials"와 같은 프롬프트로 BANT 프로필에 맞춘 맞춤형 메시지를 개발할 수 있다.

- 잠재 기회 우선순위화: "Which of these three buyers is most likely to close a deal within the next six months?"와 같은 프롬프트로 거래 성사 가능성에 따라 우선순위를 설정하고 영업 자원을 최적화할 수 있다.

[표 12-4] 바이어 식별을 위한 필수 제공 정보

정보 유형	주요 내용	활용 목적	기대 효과
목표 바이어 프로필	산업, 규모, 위치	타겟 정의	효율적 타겟팅
파트너십 목표	유통 확대, 물류 개선	전략 수립	성과 최적화
시장 세분화 데이터	인구통계, 구매 트렌드	시장 이해	정확한 포지셔닝
검증 기준	예산, 의사결정 일정	리스크 관리	자원 최적화

| 제13장 |
글로벌 고객을 사로잡는
마케팅 프레임워크

효과적인 마케팅과 브랜딩은 글로벌 시장에서 강력한 고객 관계를 구축하는 초석이다. 중소기업에게 마케팅 전략을 맞춤화하고 브랜드를 효과적으로 포지셔닝하는 능력은 성공과 정체의 차이를 만들 수 있다. 이 장에서는 ChatGPT로 강화된 마케팅 프레임워크가 기업들로 하여금 국제 고객들에게 호응을 얻는 설득력 있는 전략을 수립할 수 있게 하는 방법을 보여준다.

AI 수출컨설턴트

글로벌 마케팅 성공 전략

STP 전략
시장 세분화, 타겟팅, 포지
셔닝 전략

AIDA 프레임워크
고객 관심 유도 및 구매 전
환 전략

디지털 믹스
고객 중심의 디지털 마케팅 전
략

브랜드 스토리텔링
감성적 브랜드 스토리로 글로
벌 정체성 구축

1.
STP: 글로벌 시장을 위한 맞춤형 메시지 작성

STP(Segmentation, Targeting, Positioning) 프레임워크는 기업이 시장을 세분화하고, 가장 가치 있는 세그먼트를 타겟팅하며, 해당 고객층에게 직접 어필하도록 제품을 포지셔닝하는 데 도움을 준다. ChatGPT를 활용하면 이러한 전략적 결정을 더욱 효과적으로 수행할 수 있다.

[표 13-1] STP 프레임워크의 주요 구성 요소

단계	주요 활동	평가 기준	전략적 의미
세분화(Segmentation)	시장 그룹화	유사성, 차별성	기회 발굴
타겟팅(Targeting)	세그먼트 선정	매력도, 접근성	자원 집중
포지셔닝(Positioning)	차별화 전략	경쟁우위, 적합성	가치 창출

AI 수출컨설턴트

- **시장 세분화의 체계적 접근:** "What are effective segmentation criteria for the premium pet food market in Europe?" 같은 프롬프트를 통해 시장 특화된 세분화 변수를 도출할 수 있다. "How should we segment the Asian beauty market considering cultural differences?"와 같은 분석으로 지역 특성을 반영한 세분화가 가능하다.

- **타겟 세그먼트의 전략적 선정:** 세그먼트의 매력도를 평가하여 최적의 타겟을 선정해야 한다. "Which market segments in Southeast Asia are most promising for eco-friendly building materials?" 프롬프트를 통해 잠재력을 분석하고, "What criteria should we use to prioritize market segments in the Japanese cosmetics market?"와 같은 구체적인 평가도 가능하다.

- **차별화된 포지셔닝 전략 개발:** 선택된 세그먼트에 맞는 포지셔닝 전략 개발이 필요하다. "Help me craft a positioning statement for my organic skincare products targeting environmentally conscious millennials in North America" 같은 프롬프트로 맞춤형 메시지를 작성할 수

있다. "How can we position our premium pet food brand differently from local competitors in European markets?"와 같은 경쟁 차별화 전략도 가능하다.

2.
AIDA(주의, 관심, 욕구, 행동):
효과적인 고객 참여 전략 개발

AIDA(Attention, Interest, Desire, Action) 프레임워크는 잠재 고객의 관심을 유도하여 최종 구매까지 이끄는 단계적 접근 방법이다. ChatGPT를 활용하면 각 단계별로 최적화된 고객 참여 전략을 더욱 효과적으로 수립할 수 있다.

[표 13-2] AIDA 프레임워크의 주요 구성 요소

단계	핵심 목표	소통 전략	전환 포인트
주의(Attention)	초기 인식	임팩트 창출	인지도 확보
관심(Interest)	참여 유도	가치 전달	호기심 유발
욕구(Desire)	감정 연결	공감 형성	선호도 강화
행동(Action)	구매 전환	행동 유도	결정 촉진

- **주의 단계의 효과적 실행**: 고객의 시선을 끌기 위한 강력한 첫인상이 중요하다. "친환경 반려동물 제품으로 일본 소비자의 주목을 끌 수 있는 헤드라인을 작성해주세요."와 같은 프롬프트로 관심을 유도할 수 있다.

- **관심과 욕구의 전략적 유발**: 고객의 흥미와 욕구를 강화하기 위해 "유럽의 환경 의식이 높은 소비자를 위한 지속가능성 스토리를 어떻게 전개할 수 있을까요?" 같은 프롬프트로 정서적 연결과 공감을 형성할 수 있다.

- **구매 행동 유도의 최적화**: 최종 구매를 유도하기 위해 "프리미엄 반려동물 제품의 체험 구매를 유도하기 위한 행동 촉구문을 작성해주세요"와 같은 프롬프트로 구매 행동을 촉진하는 전략을 마련할 수 있다.

3.
디지털 마케팅 믹스
(4Cs: 고객, 비용, 편의성, 소통)

디지털 마케팅 믹스 프레임워크는 전통적인 4P(제품, 가격, 유통, 홍보) 접근법에서 고객 중심의 4C(고객, 비용, 편의성, 소통)로 전환하여 개인화된 고객 경험을 제공한다.

[표 13-3] 디지털 마케팅 믹스 프레임워크

구성 요소	핵심 초점	주요 전략	기대 효과
고객 (Customer)	니즈와 선호도	맞춤형 가치 제안	고객 만족도 향상
비용 (Cost)	고객 지불 가치	가치 기반 가격 책정	수익성 최적화
편의성 (Convenience)	구매 접근성	채널 최적화	전환율 증가
소통 (Communication)	쌍방향 대화	채널별 맞춤 메시징	고객 관계 강화

- 고객 중심 가치 제안 개발: "What communication strategies work best for environmentally conscious millennials in Europe?" 같은 프롬프트를 통해 고객 특성을 반영한 전략을 도출할 수 있다.

- 효율적 비용 전략 수립: "Suggest cost-effective digital marketing strategies for promoting my organic pet food in Southeast Asia" 프롬프트를 활용하여 제한된 예산으로 최대 효과를 내는 방법을 파악할 수 있다.

- 구매 경험 최적화와 소통 강화: "How can I optimize my website for a seamless buying experience for international customers?"와 같은 프롬프트로 원활한 구매 여정과 고객 경험을 설계할 수 있다.

4.
브랜드 포지셔닝과 스토리텔링:
강력한 글로벌 정체성 구축

브랜드 포지셔닝과 스토리텔링 프레임워크는 고객과의 정서적 공감대를 형성하고 시장에서 기업의 고유한 정체성을 명확히 구축하는 데 도움을 준다. ChatGPT로 브랜드 전략을 더욱 효과적으로 수행할 수 있다.

• 독특한 브랜드 포지셔닝 개발: "What brand positioning statement would work for a company specializing in handmade luxury goods?" 같은 프롬프트로 명확하고 차별화된 포지셔닝을 수립할 수 있다.

• 감성적 브랜드 스토리텔링 구축: "Write a brand story

for a company creating eco-friendly pet healthcare products using traditional Korean medicine"과 같은 프롬프트로 고객의 공감을 이끌어낼 수 있다.

• 브랜드 일관성 유지: "Create a style guide for social media posts, email campaigns, and packaging for our new eco-friendly product line" 프롬프트로 일관된 브랜드 경험을 유지할 수 있다.

5.
옴니채널 마케팅:
고객 경험의 통합과 최적화

옴니채널 마케팅(Omnichannel Marketing)은 온라인과 오프라인 채널을 유기적으로 통합하여 고객에게 일관되고 원활한 경험을 제공하는 전략이다. 특히 디지털 중심 환경에서 중소기업은 다양한 고객 접점을 효율적으로 관리함으로써 브랜드 충성도를 극대화해야 한다. ChatGPT를 활용하면 중소기업도 옴니채널 전략을 효율적으로 수립하고 실행할 수 있다.

• 옴니채널 전략 설계: "Suggest an omnichannel marketing strategy for promoting eco-friendly pet products in Southeast Asia"와 같은 프롬프트로 제품과 시장에 맞는 최적의 채널 조합을 도출할 수 있다. 각 시장과

고객층의 특성에 따라 채널 비중과 메시지를 조정해 일관된 고객 경험을 설계하는 것이 중요하다.

- 온라인 및 오프라인 채널의 조화: "How can I integrate online campaigns with in-store promotions for CalmiCollar in Germany?"와 같은 프롬프트로 온라인과 오프라인 간의 경험을 매끄럽게 연결하여 고객 여정 전반에서 일관된 브랜드 경험을 제공할 수 있다. 채널별 메시지와 프로모션을 유기적으로 연계하면 고객 충성도 향상에 기여한다.

- 데이터 통합과 활용: "What insights can be gained from integrating data from online sales and in-store customer feedback?"와 같은 프롬프트를 통해 다양한 채널에서 발생하는 데이터를 종합적으로 분석하여 고객의 행동과 니즈에 대한 통합적 이해를 강화할 수 있다. "Suggest a reporting framework to track customer engagement across multiple channels"로 다양한 채널의 고객 데이터를 통합 관리하는 방안도 개발 가능하다.

- 디지털 중심 캠페인 강화: "Draft a digital campaign to

drive in-store traffic for a product launch event in Tokyo"와 같은 프롬프트로 온라인 캠페인을 활용해 오프라인 방문을 촉진할 수 있다. 소셜 미디어 전략을 통해 오프라인 행사와 효과적으로 연계함으로써 고객 참여와 판매 증진 효과를 동시에 거둘 수 있다.

• 지속적 피드백 루프 설계: "Design a feedback survey to evaluate customer satisfaction across e-commerce and retail channels"로 채널별 고객 경험을 지속적으로 평가하여 마케팅 전략을 최적화할 수 있다. 또한 "What metrics should I track to measure the success of an omnichannel marketing campaign?" 같은 프롬프트를 통해 전략 성과 측정과 지속적인 개선 활동의 기반을 마련할 수 있다.

| 제14장 |
글로벌 협상력을 키우는
계약 관리 프레임워크

국제 협상과 계약 관리는 단순한 가격 협상이 아니라 기업의 협상력을 극대화하고, 리스크를 최소화하며, 지속가능한 파트너십을 구축하는 과정이다. 협상의 성패는 사전에 준비한 전략과 실행 방식에 따라 달라지며, 체계적인 협상 전략이 없다면 불리한 조건을 감수할 가능성이 커진다. 이 장에서는 BATNA와 ZOPA를 활용한 협상 전략, 이해관계 기반 협상 접근법, 글로벌 협상을 위한 문화적 차이 이해, 그리고 계약 구조화 및 인코텀즈 활용법을 다룬다. 또한 ChatGPT를 활용해 협상 준비부터 계약 체결까지 보다 전략적으로 접근하는 방법을 제시한다.

AI 수출컨설턴트

효과적인 국제 비즈니스 협상 전략은 무엇인가?

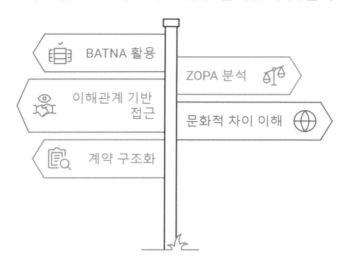

1.
BATNA와 ZOPA: 협상 전략의 기초

협상에서 BATNA(Best Alternative to a Negotiated Agreement, 최선의 대안)와 ZOPA(Zone of Possible Agreement, 협상 가능 영역)를 정확히 파악하는 것은 필수적이다. BATNA는 협상이 결렬될 경우 실행 가능한 차선책을 의미하며, ZOPA는 양측이 합의할 수 있는 범위를 설정하는 개념이다. 이를 활용하면 협상 과정에서 불리한 조건을 피하고, 보다 유리한 합의를 도출하는 전략적 기반을 마련할 수 있다.

BATNA(최선의 대안) 설정과 강화

BATNA를 명확히 하면 협상에서 불리한 조건을 수용하지 않고 더 나은 선택지를 가질 수 있다. 협상이 실패할 경우

AI 수출컨설턴트

의 차선책을 분석하고, 현실적인 대안을 마련하는 것이 중요하다. 예를 들어, "유럽 유통업체와의 협상이 실패할 경우, 내 BATNA는 무엇일까?"("What could be my BATNA if negotiations with a European distributor fail?"), "현재 제안이 다른 지역으로 확장하는 것보다 더 나은 선택인가?"("Is this offer better than my fallback option of targeting another region?")와 같은 프롬프트를 활용하면 협상 결렬 시 대비할 수 있는 전략적 옵션을 명확히 분석할 수 있다. 이를 기반으로 더 강력한 협상력을 확보하고, 불리한 조건을 거부할 수 있는 힘을 가지게 된다.

ZOPA(협상 가능 영역) 분석과 활용

ZOPA는 협상에서 양측이 수용할 수 있는 최소한의 조건과 최대한의 기대치를 정의하는 개념으로, 이를 통해 현실적인 합의점을 도출할 수 있다. 협상을 시작하기 전, "일본 대량구매 고객과의 가격 협상에서 ZOPA를 설정하려면 어떤 요소를 고려해야 할까?"("What could be the ZOPA for a pricing negotiation with a bulk buyer in Japan?"), "10% 할인을 제시하는 것과 15% 할인을 제시하는 것의 차이점은?"("What might happen if I propose a 10% discount instead of 15%?")과 같은 프롬프트를 사용하면 협상 가능 범위를 보다 구체적으로 설정할 수 있다. 이를 통해 실현 가능성이 없는 협상에 시간을 낭비하는 것을 방지하고, 실질적인 합의를 도출하는 전략적 방향을 설정할 수 있다.

2.
이해관계 기반 협상: 협력적 결과 도출

이해관계 기반 협상(Interest-Based Negotiation)은 단순히 가격과 조건을 주고받는 협상이 아니라, 양측이 서로의 근본적인 이해관계를 분석하고 이를 바탕으로 최적의 합의를 찾아가는 방식이다. 이는 장기적인 파트너십을 형성하는 데 필수적이며, 서로의 이익을 충족하는 원-윈(win-win) 전략을 구축하는 데 유용하다.

이해관계 분석과 협상 기반 마련

상대방의 비즈니스 동기와 니즈를 파악하는 것이 협상의 핵심이다. 이를 위해 협상 전 "중동 바이어와 장기 공급 계약을 협상할 때 고려해야 할 핵심 이해관계는?"("What interests might a Middle Eastern buyer have when negotiating a long-term supply agreement?"), "구매자가 가격을 낮추길 원하는 이유가 무엇인지 분석해줘."("Analyze why the buyer wants a lower price.")와 같은 프롬프트를 활용하면 상대방이 협상에서 진정으로 원하는 것이 무엇인지 심층 분석할 수 있다. 이를 바탕으로 가격, 결제 조건, 물류 지원, 애프터서비스 등 다양한 요소를 조합한 맞춤형 제안을 구성할 수 있다.

협력적 해결책 개발

서로의 이해관계를 조율하여 양측이 만족할 수 있는 창의적인 해결책을 도출해야 한다. 예를 들어, "마진을 유지하면서도 바이어가 만족할 만한 가격 조정 방안을 제안해줘."("What solutions could balance my need for higher margins with the buyer's demand for lower prices?"), "가격뿐만 아니라 다른 요소(배송, 애프터서비스)를 활용한 패키지 협상 전략을 만들어줘."("Create a package deal negotiation strategy that includes factors beyond just price, such as delivery terms and after-sales service.")와 같은 프롬프트를 활용하면 가격 외적인 요소를 활용한 협상 전략을 수립할 수 있다. 이를 통해 단순 가격 협상에서 벗어나, 장기적인 가치를 고려한 협상 전략을 구축할 수 있다.

AI 수출컨설턴트

3.
문화적 차원 모델:
글로벌 협상 스타일에 적응하기

국제 협상에서는 각국의 비즈니스 문화와 협상 스타일을 이해하는 것이 필수적이다. 문화적 차원 모델(Cultural Dimensions Model)은 의사소통 방식, 의사결정 프로세스, 권력 구조, 시간 개념 등의 차이를 고려하여 협상 전략을 최적화하는 데 도움을 준다.

문화적 협상 스타일 분석

각 국가별 협상 방식과 비즈니스 관행을 이해하면 보다 효과적인 협상 전략을 수립할 수 있다. 예를 들어, "일본 바이어와 협상할 때 고려해야 할 문화적 요소는?"("What are the key cultural considerations when negotiating with Japanese buyers?"), "독일 유통업체와의 협상을 위한 제안서를 작성할 때 어떤 형식이 가장 적절할까?"("How should I structure a proposal for a German distributor who values precision and clarity?")와 같은 프롬프트를 활용하면 각 문화권에 맞는 협상 스타일을 준비할 수 있다.

4.
계약 구조화와 인코텀즈:
명확성과 리스크 관리

계약은 거래 당사자의 권리와 의무를 공식적으로 규정하여 리스크를 최소화하고, 국제 거래의 원활한 이행을 보장하는 핵심 요소이다. 특히 인코텀즈(INCOTERMS)는 국제 무역에서 운송, 보험, 세관 통과 등 다양한 비용과 책임을 명확히 정의하는 표준 규칙으로, 이를 정확히 이해하는 것이 필수적이다. ChatGPT를 활용하면 계약서 작성, 인코텀즈 선택, 리스크 관리 등의 복잡한 과정을 체계적으로 관리할 수 있다.

효과적인 계약서 작성

명확하고 포괄적인 계약 문서를 작성하는 것은 국제 거래의 안정성을 확보하는 핵심 요소다. 계약서의 기본 구조는 거래 조건, 지불 방식, 인도 조건, 리스크 배분 조항 등을 포함해야 하며, 국가별 법적 요구사항을 고려하여 조정할 필요가 있다. 예를 들어, "독일로 전자 제품을 수출하는 계약서를 작성해줘. 지불 조건과 배송 책임을 포함해줘."와 같은 프롬프트를 활용하면 수출 계약에 필요한 핵심 조항을 포함한 맞춤형 계약서 초안을 신속하게 생성할 수 있다.

인코텀즈의 전략적 활용

적절한 인코텀즈 선택은 비용 부담과 책임을 효과적으로 조정하는 데 핵심적인 역할을 한다. 계약 시 "FOB와 CIF의 차이를 설명해주고, 내 수출자로서의 책임이 어떻게 달라지는지 알려줘."와 같은 프롬프트를 활용하면 각 조건이 거래에 미치는 영향을 명확히 이해할 수 있다. 이를 통해 특정 시장, 제품 특성, 물류 리스크 등을 고려하여 최적의 인코텀즈 조건을 선택할 수 있다. 예를 들어 FOB(Free On Board)를 선택하면 바이어가 선적 이후의 모든 책임을 지게 되어 판매자는 리스크를 줄일 수 있지만, CIF(Cost, Insurance, and Freight)를 선택하면 판매자가 운송과 보험을 부담하여 고객 만족도를 높일 수 있다.

AI 수출컨설턴트

계약 리스크 관리 강화

계약에서 잠재적 리스크를 사전에 식별하고 보호 장치를 마련하는 것은 필수적이다. "국제 바이어의 지불 지연에 대비하기 위한 보호 조항을 계약서에 추가해줘."라는 프롬프트를 활용하면 지불 조건 명확화, 연체 이자 조항 삽입, 신용장(L/C) 활용 방안 등 실질적인 리스크 완화 조치를 반영한 계약서 초안을 마련할 수 있다. 또한, "불가항력 조항을 추가하여 자연재해, 전쟁 등의 비상 상황에서 법적 보호를 받을 수 있도록 해줘."와 같은 요청을 통해 예상치 못한 상황에서도 법적 대응이 가능하도록 계약서를 보완할 수 있다.

ChatGPT를 활용하여 계약서 작성부터 리스크 관리까지 전략적으로 접근하면, 국제 무역에서 불확실성을 줄이고 보다 안정적인 거래를 성사시킬 수 있다. 이를 통해 기업은 비용 절감, 신뢰도 확보, 법적 리스크 최소화 등의 효과를 극대화할 수 있으며, 글로벌 시장에서 보다 유리한 협상력을 가질 수 있게 된다.

| 제15장 |
지속 가능한 성공을 위한
전략적 의사결정 프레임워크

전략적 계획(Strategic Planning)은 기업이 급변하는 글로벌 시장에서 지속적으로 성장하고 경쟁력을 유지하는 데 필수적인 과정이다. 단기적인 수출 성과를 넘어 장기적인 사업 확장을 목표로 한다면, 시장 환경 변화에 대한 대응 전략, 내부 운영 최적화, 지속적인 혁신과 개선이 필요하다. 이를 위해 검증된 비즈니스 프레임워크를 활용하면 보다 체계적이고 실용적인 전략을 수립할 수 있다. 이 장에서는 시나리오 플래닝, 가치사슬 분석, Ansoff 매트릭스, PDCA(계획-실행-확인-조치), 균형성과표(BSC) 등 수출 기업이 활용할 수 있는 핵심 프레임워크를 다룬다. 또한 ChatGPT를 활용해 보다 효율적으로 전략을 수립하고 실행하는 방법을 설명한다.

AI 수출컨설턴트

글로벌 시장에서의 지속 가능한 성장을 위한 전략적 프레임워크

지속적 개선
PDCA 사이클을 통한 프로세스 개선.

시나리오 플래닝
미래 불확실성을 대비하기 위한 다양한 시나리오 분석.

Ansoff 매트릭스
시장 침투 및 제품 개발을 위한 성장 전략.

가치사슬 분석
생산에서 전달까지의 운영 흐름 최적화.

1.
시나리오 플래닝:
AI로 시장 불확실성 대비하기

시나리오 플래닝(Scenario Planning)은 미래의 불확실성을 예측하고 다양한 가능성을 대비하는 전략적 도구다. 특히 글로벌 시장에서 경제 변화, 기술 혁신, 규제 강화, 공급망 리스크 등의 요인이 사업에 미치는 영향을 분석하는 데 효과적이다. ChatGPT를 활용하면 다양한 시나리오를 빠르게 분석하고 대응 전략을 수립할 수 있다.

핵심 변수의 체계적 식별

불확실성이 높은 환경에서는 가장 큰 영향을 미칠 핵심 변수를 식별하는 것이 중요하다. 예를 들어, "동남아시아 신재생 에너지 시장에 영향을 미칠 수 있는 주요 변수는 무엇인가?"("What key factors could impact the renewable energy market in Southeast Asia?")라는 프롬프트를 사용하면 정치적 규제, 기술 발전, 경제 성장률, 환경 정책 변화 등의 주요 요인을 분석할 수 있다.

시나리오 구성과 영향 분석

기업이 직면할 수 있는 미래 상황을 다양한 시나리오로 나누어 분석해야 한다. "미국 반려동물 헬스케어 시장에 대한 낙관적, 중립적, 비관적 시나리오를 작성해줘."("Generate optimistic, neutral, and pessimistic scenarios for the U.S. pet healthcare market.")라는 프롬프트를 활용하면 각각의 시나리오별 리스크와 기회를 구체적으로 예측할 수 있다.

전략적 대응 방안 수립

각 시나리오에 대한 실질적인 대응 전략을 마련해야 한다. "유럽의 친환경 포장재 시장에서 원자재 가격이 30% 상승하는 경우, 어떻게 대응할 수 있을까?"("What actions should I take if raw material costs increase by 30% in the European sustainable packaging market?")라는 프롬프트를 활용하면 비용 절감 전략, 대체 원자재 확보 방안, 가격 조정 전략 등을 도출할 수 있다.

2.
가치사슬 분석:
수출 생태계 전반의 기회 식별

가치사슬 분석(Value Chain Analysis)은 기업이 제품 생산부터 고객에게 전달되는 과정까지의 전반적인 운영 흐름을 분석하고, 비용 절감, 생산성 향상, 차별화 기회를 찾는 데 활용된다. 특히 ChatGPT를 통해 주요 가치사슬 단계별로 개선할 부분을 도출할 수 있다.

가치사슬의 체계적 매핑

기업이 속한 산업에서 가치사슬을 명확히 정의하는 것이 중요하다. "유럽 시장을 겨냥한 유기농 차 수출 기업의 가치사슬을 구성해줘."("Help me create a value chain for my organic tea export business.")라는 프롬프트를 활용하면 조달, 생산, 물류, 마케팅, 판매, 서비스 등의 프로세스를 시각적으로 정리할 수 있다.

비효율성과 개선 기회 식별

가치사슬에서 병목 현상이 발생하는 지점을 파악하고 최적화해야 한다. "라틴아메리카 전자제품 수출 과정에서 물류 지연을 유발하는 주요 원인은 무엇인가?"("What bottlenecks might occur in the logistics process for exporting electronics to Latin America?")라는 프롬프트를 활용하면 공급망 리스크, 항만 처리 속도, 세관 규정 등의 문제를 식별할 수 있다.

전략적 개선 방안 수립

식별된 문제를 해결할 구체적인 전략을 마련해야 한다. "유럽 시장에서의 물류 효율성을 높이기 위해 어떤 조치를 취할 수 있을까?"("How can I optimize my distribution strategy for greater efficiency in the European market?")라는 프롬프트를 사용하면 물류 파트너 다변화, 창고 운영 최적화, AI 기반 재고 관리 등의 해결책을 도출할 수 있다.

AI 수출컨설턴트

3.
Ansoff 매트릭스:
전략적인 신시장 또는 신제품 확장

Ansoff 매트릭스는 기업의 성장 전략을 시장 침투, 제품 개발, 시장 개발, 다각화 네 가지로 구분하여 분석하는 도구다. 이를 활용하면 신시장 진출 또는 신제품 개발 시 최적의 전략을 선택할 수 있다.

전략적 성장 옵션 평가

기업의 상황에 가장 적합한 성장 전략을 선택해야 한다. "중동 시장에서 럭셔리 화장품 브랜드를 확장하기 위한 최적의 전략은 무엇인가?"("Which Ansoff Matrix strategy is most suitable for expanding my luxury goods business into the Middle East?")라는 프롬

프트를 사용하면 시장 침투(기존 고객 확대), 시장 개발(새로운 지역 진출), 제품 개발(신제품 출시), 다각화(전혀 다른 사업 모델 도입) 중 최적의 방안을 도출할 수 있다.

실행 전략의 구체화

선택한 전략을 구체적인 실행 계획으로 변환해야 한다. "미국 친환경 생활용품 시장 진출을 위한 단계별 전략을 제안해줘."("What steps should I take to penetrate the U.S. market for eco-friendly home goods?")라는 프롬프트를 사용하면 시장 조사, 현지 파트너십 구축, 제품 인증 절차, 초기 마케팅 전략 등을 포함한 실행 로드맵을 설계할 수 있다.

리스크 평가와 관리

각 전략의 잠재적 위험 요소를 분석하고 대응책을 마련해야 한다. "전기차 배터리 시장에 다각화 진출할 때 고려해야 할 리스크는 무엇인가?"("What risks should I consider when diversifying into the electric vehicle battery market?")라는 프롬프트를 활용하면 기술 리스크, 규제 장벽, 초기 투자 비용, 공급망 리스크 등을 사전에 평가할 수 있다.

4.
지속적 개선 프레임워크:
장기적 성공을 위한 수출 운영 개선

PDCA(**Plan-Do-Check-Act**) 사이클은 기업이 지속적으로 프로세스를 개선하고 효율성을 극대화하기 위한 핵심 프레임워크다. 글로벌 시장에서는 규제 변화, 소비자 트렌드, 공급망 변동성이 크기 때문에 지속적인 운영 개선이 필수적이다. ChatGPT를 활용하면 데이터 분석을 기반으로 효과적인 개선 전략을 도출할 수 있다.

개선 목표의 체계적 정의

기업이 개선해야 할 핵심 영역을 명확하게 정의하는 것이 중요하다. "우리 수출 프로세스에서 가장 비효율적인 부분을 식별하는 방법을 제안해줘."("Suggest ways to identify the most inefficient parts of our export process.")라는 프롬프트를 활용하면 물류 지연, 비용 낭비, 품질 관리 문제, 고객 피드백 미반영 등 다양한 개선 가능성을 분석할 수 있다.

개선 계획의 단계적 개발

목표를 설정한 후에는 구체적인 실행 계획이 필요하다. "유럽 시장에서 우리 제품의 배송 시간을 20% 단축할 수 있는 실행 가능한 방안을 제안해줘."("Propose actionable steps to reduce delivery time in the European market by 20%.")라는 프롬프트를 활용하면 물류 경로 최적화, 현지 창고 확보, 협력업체와의 SLA 개선 등의 방안을 수립할 수 있다.

성과 모니터링과 평가

실행된 개선 조치가 실제 효과를 내는지 평가해야 한다. "우리가 도입한 물류 최적화 전략의 효과를 측정할 수 있는 핵심 지표(KPI)를 제안해줘."("Suggest key performance indicators to measure the effectiveness of our logistics optimization strategy.")라는 프롬프트를 사용하면 배송 시간 단축률, 비용 절감 효과, 고객

AI 수출컨설턴트

만족도 지표 등을 활용한 모니터링 시스템을 구축할 수 있다.

지속적인 전략 개선

한 번의 개선이 끝이 아니다. 피드백을 반영하여 지속적으로 최적화를 진행해야 한다. "우리의 개선 전략이 목표 대비 10% 낮은 성과를 기록했다면, 다음 단계에서 무엇을 조정해야 할까?"("If our improvement strategy underperforms by 10%, what adjustments should we make in the next phase?")라는 프롬프트를 활용하면 데이터 재분석, 추가 실험, 신기술 도입 검토 등의 후속 조치를 계획할 수 있다.

5.
균형성과표(BSC):
수출 기업의 지속 가능한 성장 전략 수립

균형성과표(Balanced Scorecard, BSC)는 재무적 성과뿐만 아니라 고객, 내부 프로세스, 학습 및 성장의 네 가지 관점을 고려해 장기적인 성장을 계획하는 전략적 프레임워크다. 단기적인 수출 실적만이 아니라, 조직 역량 강화, 브랜드 인지도 확대, 내부 운영 개선을 함께 추진해야 한다. ChatGPT를 활용하면 BSC의 각 요소를 빠르게 분석하고 실행 전략을 설계할 수 있다.

재무 관점: 수익성 개선과 비용 최적화

기업의 장기적 목표는 결국 지속적인 매출 성장과 수익성 개선이다. 이를 위해 가격 전략, 비용 구조 최적화, 신규 투자 계

AI 수출컨설턴트

획을 정밀하게 분석해야 한다.

예를 들어, "우리가 신규 시장에 진입할 때 가장 적절한 가격 책정 전략은 무엇인가?"("What is the most suitable pricing strategy for entering a new market?")라는 프롬프트를 활용하면 시장 가격 조사, 경쟁사 비교, 가치 기반 가격 책정 등의 전략을 제시할 수 있다.

고객 관점: 글로벌 시장에서 브랜드 인지도 확대

고객 관점에서는 브랜드 충성도, 시장 점유율, 고객 만족도를 지속적으로 향상시키는 것이 중요하다. ChatGPT를 활용해 목표 고객층의 니즈를 심층 분석하고 맞춤형 전략을 도출할 수 있다.

예를 들어, "프리미엄 반려동물 영양제를 유럽 시장에서 어떻게 브랜딩해야 할까?"("How should we position our premium pet supplements in the European market?")라는 프롬프트를 사용하면 고급스러운 제품 포지셔닝, 친환경 가치 강조, 소비자 후기 활용 전략 등을 구체적으로 제안할 수 있다.

내부 프로세스 관점: 운영 효율성 극대화

내부 프로세스 최적화는 생산성 향상, 공급망 리스크 관리, 품질 개선과 직결된다. 예를 들어, "공급망 단절 위험을 줄이기 위한 실행 가능한 전략을 제안해줘."("Suggest actionable strategies to mitigate supply chain disruption risks.")라는 프롬프트를 사용하면 다양한 공급업체 확보, 생산시설 이원화, AI 기반 수요 예측 등의 대응 방안을 도출할 수 있다.

학습 및 성장 관점: 조직 역량 강화와 지속적인 혁신

기업의 지속 가능한 성장은 조직의 학습과 혁신에서 비롯된다. 직원 교육, 기술 투자, R&D 역량 강화 등의 요소를 고려해야 한다.

예를 들어, "우리 수출팀의 역량 강화를 위한 효과적인 교육 프로그램을 제안해줘."("Suggest an effective training program to enhance our export team's capabilities.")라는 프롬프트를 활용하면 글로벌 무역 규정 교육, AI 기반 시장 조사 훈련, 협상 및 커뮤니케이션 스킬 강화 프로그램 등을 포함한 맞춤형 전략을 수립할 수 있다.

AI 수출컨설턴트

제3부

ChatGPT와 함께하는
전략적 수출 계획 수립

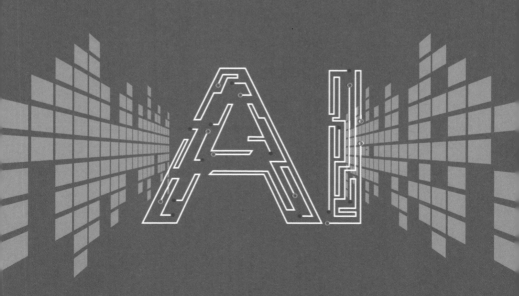

| 제16장 |
성공적인 수출 계획을 만드는 핵심 요소

체계적인 수출 계획은 글로벌 시장 진출의 성공을 결정짓는 핵심 요소다. 이는 단순한 문서 작성을 넘어, 기업의 비전과 목표를 실현 가능한 전략과 실행 단계로 전환하는 중요한 도구다. 효과적인 수출 계획은 전략적 성장 로드맵을 제시하고, 자금 조달 및 지원 확보를 용이하게 하며, 리스크를 사전 관리할 수 있도록 돕는다. 이 장에서는 수출 계획의 필수 구성 요소와 자가 평가의 중요성, 그리고 흔히 발생하는 함정을 다루며, ChatGPT를 활용해 수출 계획을 체계적으로 수립하는 방법을 살펴본다.

성공적인 수출 계획을 위한 단계

전략적 성장 로드맵

자금 조달 확보

리스크 관리

핵심 요소 정의

자가 평가 수행

1.
수출 계획 수립의 중요성

수출 계획(Export Plan)은 기업의 글로벌 시장 진출 전략을 종합적으로 정리한 문서로, 내부 자원을 외부 기회와 연결하는 핵심 도구다. 중소기업은 명확한 수출 계획을 통해 시장 접근 전략을 최적화하고, 자원을 효과적으로 배분하며, 글로벌 성장 가능성을 극대화할 수 있다.

전략적 성장을 위한 로드맵

수출 계획은 기업이 글로벌 시장에서 우선순위를 설정하고, 단기 및 장기 목표를 조정하며, 실행 방향을 체계적으로 잡는 역할을 한다. 예를 들어, "우리의 수출 전략을 3년간 단계적으로 실행하기 위한 핵심 목표를 설정해줘."("Set key objectives for

AI 수출컨설턴트

executing our export strategy over the next three years.")라는 프롬프
트를 사용하면 단기(1년), 중기(2~3년), 장기(3년 이상) 목표를 설정
하고 실행 계획을 구체화할 수 있다.

자금 조달과 지원 확보

잘 구성된 수출 계획은 정부 지원 프로그램, 수출 바우처,
무역 금융 지원, 투자 유치 등에 필요한 신뢰성을 제공한다.
"우리의 수출 계획을 투자자들에게 효과적으로 제시할 수 있도
록 프레젠테이션을 만들어줘."("Create a compelling pitch deck for
investors based on our export plan.")라는 프롬프트를 활용하면, 투
자 유치를 위한 설득력 있는 자료를 제작할 수 있다.

효과적인 리스크 관리

글로벌 시장에서는 환율 변동, 무역 규제, 공급망 리스크,
경쟁 심화 등 다양한 위험 요소가 존재한다. "아세안 시장 진
출 시 발생할 수 있는 주요 리스크를 분석하고 대응 전략을 수
립해줘."("Analyze potential risks and develop mitigation strategies for
entering the ASEAN market.")라는 프롬프트를 활용하면, 시장별
리스크 평가 및 대응 전략을 효과적으로 구성할 수 있다.

2.
수출 계획의 핵심 구성 요소

실용적인 수출 계획은 간결하면서도 실행 가능해야 하며, 핵심 요소를 체계적으로 포함해야 한다.

[표 16-1] 수출 계획의 구성 요소와 주요 내용

구성 요소	핵심 내용	포함 사항	전략적 의미
경영 요약	계획 개요	기업 프로필, 목표	전략 방향 설정
시장 분석	SWOT/PESTEL	시장 역학, 경쟁 분석	기회 발굴
진입 전략	시장 접근법	진입 방식, 일정	실행 지침
성과 지표	측정 목표	KPI, 마일스톤	성과 관리

AI 수출컨설턴트

예산 개요	자원 할당	비용, 자금 조달	재무 관리
리스크 관리	위험 평가	주요 리스크, 대응 전략	안정성 확보

경영 요약과 시장 분석

수출 계획은 1페이지 분량의 명확한 경영 요약으로 시작해야 한다. 여기에는 기업 개요, 목표 시장, 제품 및 서비스, 기대 성과가 포함된다.

시장 분석에서는 SWOT 및 PESTEL 분석을 활용해 글로벌 시장의 기회를 식별하고, 경쟁 환경을 평가해야 한다. 예를 들어, "미국 반려동물 헬스케어 시장에 대한 SWOT 분석을 생성해줘."("Generate a SWOT analysis for the U.S. pet healthcare market.") 라는 프롬프트를 사용하면 내부 강점과 약점, 외부 기회와 위협을 정리한 분석 자료를 확보할 수 있다.

진입 전략과 성과 관리

시장 진입 전략은 직접 수출, 현지 파트너십, 합작 투자, 프랜차이즈, 완전 자회사 설립 등 다양한 방식이 있으며, 이를 수출 대상국의 환경에 맞춰 결정해야 한다.

또한, "첫해 매출 목표 100만 달러를 달성하기 위한 KPI 를 설정해줘."("Define KPIs to achieve a first-year revenue target of $1 million.")라는 프롬프트를 활용하면, 매출 목표, 유통업체 확보, 고객 유입 지표 등 구체적인 성과 지표를 설정할 수 있다.

실행 계획과 리스크 관리

실행 계획에서는 구체적인 과제, 담당자, 일정을 정의하고, 실행력을 확보해야 한다. "우리의 수출 전략 실행을 위한 6개월 로드맵을 작성해줘."("Develop a six-month roadmap for executing our export strategy.")라는 프롬프트를 활용하면 단계별 세부 실행 계획을 수립할 수 있다.

리스크 관리에서는 무역 규제 변화, 물류 지연, 통화 변동 성, 경쟁 심화 등의 요소를 분석하고 대비해야 한다.

3.
글로벌 비즈니스 역량의 자가 평가

자가 평가(Self-Assessment)는 기업의 내부 역량을 객관적으로 평가하고, 전략적 격차를 보완할 기회를 제공한다.

[표 16-2] 글로벌 비즈니스 역량 평가 프레임워크

평가 영역	핵심 요소	평가 지표	전략적 의미
운영 준비도	생산/공급망 관리	생산 능력, 유통 역량	실행 가능성 분석
재무 안정성	예산/현금 흐름	부채 비율, 수익성	지속 가능성 확보
시장 지식	고객/경쟁 분석	시장 이해도	전략 적합성 평가
규정 준수	수출입 규정	법적 요구사항 충족 여부	리스크 관리

체계적인 자가 평가 수행

기업은 자가 평가를 통해 현재 역량과 개선이 필요한 영역을 식별해야 한다.

예를 들어, "우리 회사의 글로벌 확장 가능성을 평가하기 위한 체크리스트를 만들어줘."("Create a checklist to assess our company's potential for global expansion.")라는 프롬프트를 활용하면 운영 준비도, 재무 상태, 시장 경쟁력 평가 기준을 세부적으로 도출할 수 있다.

4.
수출 계획의 일반적인 함정

수출 계획에서 흔히 발생하는 실수들은 전략적 실행력을 저해하고, 성과를 저하시킬 수 있다.

[표 16-3] 수출 계획의 주요 함정과 해결 방안

함정 유형	주요 문제점	부정적 영향	해결 방안
계획 과잉 복잡화	불필요한 세부사항 포함	실행 지연, 비효율성 증가	핵심 목표 우선순위화
실행 가능성 부족	명확한 로드맵 부재	혼란 및 목표 미달	단계별 실행 계획 수립
시장 적응 실패	현지화 전략 부족	시장 점유율 하락	정기적 계획 검토 및 수정

ChatGPT를 활용하면 지속적으로 수출 계획을 업데이트하

고, 시장 변화에 적응할 수 있도록 지원할 수 있다. "우리의 수출 전략을 최신 시장 동향에 맞춰 업데이트해줘."("Update our export strategy based on the latest market trends.")라는 프롬프트를 활용하면 최신 트렌드를 반영한 전략적 수정이 가능하다.

이처럼 명확하고 실행 가능한 수출 계획을 수립하면, 글로벌 시장에서의 성공 가능성을 높일 수 있다.

AI 수출컨설턴트

| 제17장 |
ChatGPT로 완성하는
맞춤형 수출 계획

ChatGPT는 중소기업이 전문적이고 실행 가능한 수출 계획을 보다 효율적이고 경제적으로 수립할 수 있도록 지원하는 도구다. 이 장에서는 수출 계획의 핵심 요소를 단계별로 구성하는 방법과 ChatGPT를 활용한 전략적 접근 방식을 다룬다. 특히, 기업 역량과 시장 목표를 일치시키는 프롬프트 활용법을 설명하고, 자가 평가 결과를 반영하여 실행 가능한 전략을 수립하는 방법을 제시한다.

수출 계획 실행 주기

지속적 개선
피드백 통합 및 최적화

계획 실행
전략을 행동으로 전환

전략 조정
피드백 기반 수정

진행 상황 모니터링
성과 추적 및 평가

1.
맥락 설정: ChatGPT와 공유할 내용

ChatGPT의 출력 품질은 입력의 명확성과 세부 정보의 수준에 따라 결정된다. 효과적인 수출 전략을 수립하려면 기업과 제품의 특성을 명확하게 정의하고, 목표 시장과 전략적 목표를 구체적으로 설정해야 한다. 중소기업이 ChatGPT와 상호작용할 때 포괄적인 맥락을 제공하면 보다 맞춤화된 실행 가능한 수출 계획을 도출할 수 있다.

ChatGPT와 공유할 핵심 정보 프레임워크

기업이 ChatGPT를 효과적으로 활용하려면 다음과 같은 구체적인 정보 제공이 필요하다.

AI 수출컨설턴트

정보 영역	핵심 요소	세부 내용	전략적 가치
기업 개요	기본 정보	산업 분야, 기업 규모, 미션 및 비전	기업의 특성과 맥락을 파악하는 데 도움
제품 특성	차별화 요소	제품 USP(고유 판매 포인트), 생산 능력, 보유 인증	시장에서 경쟁 우위를 찾고 전략적 포지셔닝 가능
시장 정보	타겟 시장	진출 국가, 고객층, 경쟁 상황	전략 정렬 및 시장 적합성 분석
전략 목표	성과 지표	수익 목표, 성장 계획, 실행 일정	명확한 방향 설정 및 실행 계획 지원
자가 평가	역량 분석	강점 및 약점, 내부 리소스 평가	실행 가능성 확보 및 전략 최적화

기업과 제품 정보의 구체화

ChatGPT는 사용자가 제공한 정보를 기반으로 답변을 생성하기 때문에 기업의 기본 특성과 제품의 차별화 요소를 명확하게 설명하는 것이 중요하다. 산업 분야, 기업 규모, 핵심 미션과 함께 제품의 고유한 특징(USP), 생산 능력, 품질 인증 등의 세부 정보를 포함해야 한다. 예를 들어, "우리 기업은 친환경 반려동물 헬스케어 제품을 제조하는 중소기업으로, 자연 유래 성분을 사용한 보조제를 개발하고 있으며, ISO 14001 환경 인증을 보유하고 있습니다."와 같이 명확한 정보를 제공하면 ChatGPT는 이에 맞는 구체적인 수출 전략을 도출할 수 있다.

시장과 목표의 명확한 정의

목표 시장과 전략적 목표를 구체적으로 설정하면 ChatGPT가 보다 정교한 분석과 실행 계획을 제시할 수 있다. 진출 희망 국가, 주요 고객층, 경쟁사 동향, 예상되는 도전 과제 등을 명확히 설명해야 한다. 또한, 단순히 "일본 시장 진출"이라고 입력하는 것이 아니라 "일본 내 20~40대 반려동물 보호자를 대상으로, e커머스를 활용한 B2C 진출을 목표로 하며, 초기 12개월 동안 10억 원 매출을 달성하는 것을 목표로 한다."와 같이 구체적인 목표를 설정하는 것이 중요하다.

역량 평가 결과의 통합

기업의 강점과 약점을 사전에 분석하고 이를 ChatGPT와 공유하면 보다 현실적이고 실행 가능한 전략을 수립할 수 있다. 이를 위해 강점과 약점, 기회와 위협(SWOT 분석), 내부 역량 평가 등의 정보를 반영할 필요가 있다. 예를 들어, "친환경 반

AI 수출컨설턴트

려동물 헬스케어 제품을 전문으로 하는 한국 기업을 위한 수출 계획을 작성해주세요. 우리 회사는 12개월 내에 일본 시장에 진출하는 것을 목표로 하고 있습니다. 지속가능성에서의 우리의 강점을 강조하고 브랜드 인지도의 격차를 다루어 주세요."

("Generate an export plan for a South Korean company specializing in eco-friendly pet healthcare products. The company aims to enter the Japanese market within 12 months. Highlight our strengths in sustainability and address gaps in brand recognition.")

위와 같은 방식으로 요청하면 ChatGPT는 기업의 특성과 목표 시장을 반영한 구체적인 실행 전략을 제공할 수 있다.

효과적인 맥락 설정의 핵심 원칙

명확하고 구체적인 정보 제공: 산업, 제품, 목표 시장, 전략적 목표를 구체적으로 설명해야 한다.

• 기업의 강점과 약점 반영: 현재 기업의 역량을 정확히 전달하면 실행 가능한 전략을 도출할 수 있다.

- 시장 특성에 맞는 목표 설정: 진출 시장의 경쟁 환경과 소비자 특성을 고려하여 현실적인 목표를 설정해야 한다.

- 전략 실행 가능성 고려: 기업의 자원과 역량을 반영하여 실행 가능한 계획을 수립해야 한다.

ChatGPT와의 효과적인 상호작용을 위해 체계적인 맥락 제공과 전략적 정보 입력이 필수적이며, 이를 통해 보다 정밀한 수출 전략을 도출할 수 있다.

2.
수출 계획의 각 섹션에 ChatGPT 활용하기

수출 계획은 시장 분석, 전략 수립, 실행 계획, 성과 관리 등의 필수 요소를 포함해야 하며, 각 단계별로 ChatGPT를 활용하면 보다 정교한 계획을 수립할 수 있다.

경영 요약과 시장 분석

수출 계획은 1페이지 분량의 명확한 경영 요약으로 시작해야 한다. 여기에는 기업 개요, 목표 시장, 제품 및 서비스, 기대 성과가 포함된다.

시장 분석에서는 SWOT 및 PESTEL 분석을 활용해 글로벌 시장의 기회를 식별하고, 경쟁 환경을 평가해야 한다. 예를 들어, "미국 반려동물 헬스케어 시장에 대한 SWOT 분석을 생성해줘."("Generate a SWOT analysis for the U.S. pet healthcare market.")라는 프롬프트를 사용하면 내부 강점과 약점, 외부 기회와 위협을 정리한 분석 자료를 확보할 수 있다.

진입 전략과 목표 설정

시장 진입을 위한 구체적인 전략과 성과 목표를 설정해야 한다. 예를 들어, "북미 친환경 가정용품을 위한 12개월 시장 진입 로드맵을 제안해줘."("Suggest a 12-month market entry roadmap for eco-friendly home goods in North America.")라는 프롬프트를 사용하면 실행 계획을 수립할 수 있다.

목표 설정을 위해서는 "첫해 매출 목표 50만 달러를 달성하기 위한 KPI를 설정해줘."("What are achievable revenue and customer acquisition goals for a small tech company entering the U.K.?")라는 요청을 활용하여, 구체적인 성과 지표를 확보할 수 있다.

실행 계획의 구체화

수출 전략을 실제 실행 가능한 단계별 계획으로 변환해

AI 수출컨설턴트

야 한다. 예를 들어, "유럽으로 태양광 패널을 수출하기 위한 단계별 운영 계획을 일정과 예산 추정치를 포함하여 작성해 줘."("Create a step-by-step operational plan for exporting solar panels to Europe, including timelines and budget estimates.")라는 프롬프트를 활용하면 보다 구체적인 실행 전략을 수립할 수 있다.

3.
자가 평가 결과 활용 프레임워크

자가 평가 결과를 수출 계획에 반영하면 전략의 실행 가능성을 높이고, 리스크를 사전에 관리할 수 있다.

약점의 체계적 해결

자가 평가를 통해 파악된 중요한 격차를 해결하는 것이 우선이다. 예를 들어, "자가 평가에서 강조된 시장 지식의 격차를 어떻게 해결할 수 있을까?"("How can I address gaps in market knowledge highlighted by my self-assessment?")라는 요청을 통해 시장 조사 강화, 전문가 네트워크 활용 등의 대안을 도출할 수 있다.

AI 수출컨설턴트

강점의 전략적 활용

기업의 강점을 마케팅과 진입 전략에 효과적으로 반영해야 한다. "우리 회사의 강력한 R&D 역량을 수출 계획에 통합하는 방법을 제안해줘."("Suggest ways to integrate my company's strong R&D capabilities into the export plan.")라는 요청을 하면 연구 개발 역량을 기반으로 차별화된 시장 포지셔닝 전략을 수립할 수 있다.

전략의 현실적 조정

자가 평가 결과를 바탕으로 전략의 현실성을 지속적으로 검증하고 조정해야 한다. 현재 역량과 목표 사이의 격차를 명확히 인식하고, 이를 극복하기 위한 구체적인 실행 계획을 수립해야 한다. "현재 예산 3만 달러를 기준으로 일본 시장 진입 전략을 현실적으로 조정해줘."("Adjust this market entry strategy to fit a $30,000 budget for the first year.")라는 요청을 하면 예산 내에서 효과적인 전략을 수립할 수 있다.

4.
정제와 검증

ChatGPT의 출력을 더욱 효과적으로 활용하기 위해서는 계획을 검토하고 정제하는 과정이 필요하다.

관련성과 정확성 확보

출력 내용이 기업의 비즈니스 목표와 시장 맥락에 부합하는 지 검토해야 하며, 시장 데이터와 경쟁사 정보를 신뢰할 수 있는 외부 출처를 통해 추가 검증해야 한다. 예를 들어, "반려동물 헬스케어의 최근 시장 트렌드를 포함하여 이 경쟁사 분석을 개선해줘."("Refine this competitor analysis by including recent market trends in pet healthcare.")라는 프롬프트를 활용하면 최신 데이터를 반영한 정교한 경쟁 분석을 확보할 수 있다.

AI 수출컨설턴트

실용성과 실현 가능성 강화

기업의 실제 자원과 제약 조건에 맞춰 전략을 조정하는 것이 중요하다. "현재 자원을 고려하여 실행 가능한 마케팅 전략으로 조정해줘."("Adjust this marketing strategy to fit within our current resources.")라는 요청을 하면 보다 실행 가능한 전략을 얻을 수 있다.

이러한 과정을 거치면 현실적이고 실행 가능한 수출 계획을 완성할 수 있다.

| 제18장 |
계획을 성과로 만드는
수출 실행과 관리

수출 계획이 성공하려면 실행력이 뒷받침되어야 한다. 수출 계획이 문서로만 남지 않고 실질적인 성과로 이어지도록 하기 위해서는 명확한 실행 전략, 지속적인 모니터링, 유연한 조정, 그리고 개선 프로세스가 필요하다. 이 장에서는 계획의 실행부터 성과 추적, 지속적인 개선까지의 단계별 접근법을 다루며, ChatGPT를 활용하여 중소기업이 실행력을 극대화할 수 있는 방법을 제시한다.

ChatGPT로 맞춤형 수출 계획 개발

맥락 설정 — ChatGPT에 구체적인 비즈니스 정보를 제공

SWOT 및 PESTEL 분석을 사용하여 기회 식별 — 시장 분석

진입 전략 개발 — 시장 진입을 위한 전략과 목표 설정

실행 가능한 단계와 예산 포함 — 실행 계획 수립

자가 평가 통합 — 자가 평가 결과를 전략에 반영

계획의 관련성과 실행 가능성 보장 — 계획 검토 및 정제

1.
계획 실행하기

수출 계획의 실행은 전략을 실제 행동으로 전환하는 단계다. 명확한 역할 분담, 일정 설정, 자원 배분이 핵심 요소이며, ChatGPT를 활용하면 이를 체계적으로 정리하고 관리할 수 있다.

역할과 책임의 명확한 정의

수출 실행 과정에서는 각 업무별로 담당자를 지정하고, 실행 과정을 추적할 수 있도록 명확한 역할과 책임을 설정해야 한다. 예를 들어, 마케팅 팀이 소셜 미디어 캠페인을 담당하고, 운영팀이 규제 준수를 관리하도록 하는 등의 구체적인 업무 배분이 필요하다. "일본에서 친환경 반려동물 제품을 출시하기 위한 6개월 실행 체크리스트를 작성해줘."("Create a 6-month implementation checklist for launching eco-friendly pet products in Japan.")라는 프롬프트를 사용하면 단계별 실행 계획을 생성하고 각 담당자의 역할을 명확히 할 수 있다.

일정과 자원의 전략적 관리

성공적인 실행을 위해서는 장기 목표를 달성 가능한 단기 마일스톤으로 분할해야 한다. 예를 들어, 첫 3개월 내 제품 인증 완료, 6개월 내 주요 유통 파트너십 체결과 같은 구체적인 일정을 설정하는 것이 중요하다. 또한, 예산과 인력을 우선순위가 높은 과제에 전략적으로 할당해야 한다. "우리의 12개월 수출 일정에 따른 주요 마일스톤을 설정해줘."("Set key milestones for our 12-month export schedule.")라는 프롬프트를 활용하면 실행 과정을 체계적으로 구성할 수 있다.

효과적인 진행 관리 체계 구축

계획이 정상적으로 실행되고 있는지를 모니터링하는 것이 필수적이다. 진행 상황을 점검할 수 있는 도구와 지표를 설정하고, 필요 시 조정을 진행해야 한다. "내 수출 계획의 실행을 효과적으로 모니터링하기 위해 어떤 도구를 사용할 수 있을까?"("What tools can I use to monitor the implementation of my export plan effectively?")와 같은 프롬프트를 활용하면 프로젝트 관리 도구, KPI 트래킹 시스템 등의 솔루션을 추천받을 수 있다.

2.
진행 상황 추적과 계획 조정

수출 계획이 원활하게 진행되고 있는지를 확인하려면 정기적인 모니터링과 평가가 필수적이다. 이를 통해 예상치 못한 시장 변화나 장애물을 조기에 감지하고 신속하게 대응할 수 있다.

핵심 성과 지표(KPI) 관리

수출 성과를 평가하기 위해서는 구체적인 KPI를 설정하고 이를 지속적으로 모니터링해야 한다. 예를 들어, 유통업체 온보딩 성공률, 온라인 캠페인 참여도, 초기 수출 매출과 같은 지표를 분석하여 실행력을 평가할 수 있다. "지난 분기 유통업체 판매 데이터를 분석하고 개선사항을 제안해줘."("Analyze my distributor sales data for the last quarter and suggest improvements.")

라는 프롬프트를 활용하면 데이터 기반으로 실질적인 성과 분석이 가능하다.

정기적 검토와 분석

계획이 정상적으로 진행되고 있는지를 평가하기 위해 월간 또는 분기별 검토가 필요하다. 목표 대비 실제 성과를 분석하여 차이를 파악하고 보완할 전략을 수립해야 한다. "이번 달 우리의 수출 계획 진행 상황을 마케팅과 파트너십에 초점을 맞춰 요약해줘."("Summarize our export plan progress for this month, focusing on marketing and partnerships.")와 같은 프롬프트를 활용하면 핵심 사항을 요약하고 신속하게 검토할 수 있다.

유연한 전략 조정

실행 도중 예상치 못한 변수에 대응할 수 있도록 전략을 유연하게 조정해야 한다. "무역 박람회 성과가 기대에 미치지 못했다면 어떤 대안 전략을 채택할 수 있을까?"("What alternative strategies can I adopt if my trade show performance was below expectations?")라는 프롬프트를 사용하면 효과적인 대체 전략을 신속하게 개발할 수 있다.

AI 수출컨설틴트

3.
지속적 개선으로 계획 정제하기

수출 계획은 고정된 문서가 아니라, 지속적으로 발전하고 조정되어야 하는 살아 있는 전략이다. 초기 결과 분석, 피드백 수집, 성과 인정 등의 과정을 거쳐 장기적인 성장 기반을 마련해야 한다.

초기 결과의 전략적 활용

초기 실행 결과와 시장 반응을 분석하여 전략을 최적화해야한다. 예를 들어, 무역 박람회에서 받은 피드백을 향후 제품 개선이나 마케팅 전략에 반영할 수 있다. "이 고객 피드백을 바탕으로 친환경 반려동물 제품을 위한 마케팅 전략을 어떻게 개선할 수 있을까?"("Based on this feedback from customers, how can I improve my marketing strategy for eco-friendly pet products?")라는 프롬프트를 사용하면 실제 시장 반응을 반영한 전략 조정이 가능하다.

피드백 체계의 구축

파트너, 고객, 내부 팀원들의 피드백을 지속적으로 수집하고 이를 반영하는 것이 중요하다. "일본 유통업체와의 협업에서 개선할 점을 분석하고 조정할 방법을 제안해줘."("Analyze areas for improvement in working with Japanese distributors and suggest adjustments.")라는 프롬프트를 활용하면 파트너십 개선 전략을 수립할 수 있다.

성과 인정과 동기 부여

팀의 동기 부여를 위해 성과를 적극적으로 인정하고 공유하는 것이 필요하다. 주요 마일스톤이 달성되었을 때 이를 축하하고, 성과를 가시화하면 장기적인 실행력을 높일 수 있다. "첫 번째 유통 계약 체결을 팀과 공유하는 효과적인 방식은?"("What is an effective way to share and celebrate our first distribution contract with the team?")라는 프롬프트를 활용하면 팀원들의 참여를 독려하는 방법을 찾을 수 있다.

부록

A: 수출 단계별 ChatGPT 프롬프트
B: helloKay 수출 전략 계획
(AI 기반 샘플 보고서)

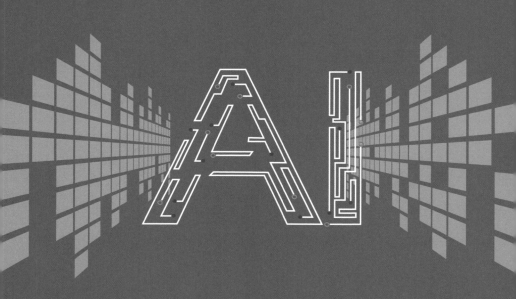

부록 A:
수출 단계별 ChatGPT 프롬프트

이 부록은 ChatGPT를 사용하여 주요 수출 업무를 간소화하도록 설계된 바로 사용 가능한 프롬프트 모음을 제공합니다. 이 프롬프트들은 수출 프로세스 단계별로 구성되어 전문가들이 운영에 직접 적용할 수 있습니다.

프롬프트 활용 방법

맥락 맞춤화(Customize the Context): 프롬프트를 귀사의 비즈니스, 제품, 목표 시장에 대한 구체적인 세부사항을 포함하도록 조정하세요.

정밀도를 위한 반복(Iterate for Precision): 피드백을 제공하거나 프롬프트를 재구성하여 출력을 개선하세요.

향후 사용을 위한 저장(Save for Future Use): 귀사의 워크플로우에 맞춘 효과적인 프롬프트 라이브러리를 구축하세요.

AI 수출컨설턴트

1. 시장 조사와 분석(Market Research and Analysis)

"동남아시아에서 반려동물 헬스케어 제품의 가장 빠르게 성장하는 시장은 어디인가요?"("What are the fastest-growing markets for pet healthcare products in Southeast Asia?")

"싱가포르 반려동물 보조제 시장의 상위 5개 경쟁사와 그들의 시장 점유율을 나열해주세요."("List the top 5 competitors in the pet supplement market in Singapore, along with their market shares.")

"향후 5년 동안 베트남의 반려동물 헬스케어 산업을 형성하는 트렌드는 무엇인가요?"("What trends are shaping the pet healthcare industry in Vietnam over the next 5 years?")

"태국의 반려동물 헬스케어 제품 수입에 대한 규제 환경을 분석해주세요."("Analyze Thailand's regulatory environment for pet healthcare product imports.")

2. 바이어 식별과 아웃리치(Buyer Identification and Outreach)

"링크드인을 사용하여 말레이시아의 반려동물 보조제 잠재 유통업체를 식별해주세요."("Identify potential distributors for pet supplements in Malaysia using LinkedIn.")

"싱가포르의 유통업체에게 helloKay의 비타포 보조제를 소개하는 이메일을 작성해주세요."("Write an introductory email to a distributor for helloKay 's VitaPaw supplements in Singapore.")

"펫페어아시아에서 칼미칼라에 관심을 표현한 유통업체를 위한 후속 이메일을 작성해주세요."("Draft a follow-up email for a distributor who expressed interest in CalmiCollar during Pet Fair Asia.")

"반려동물 헬스케어 제품에 초점을 맞춘 유럽의 무역 박람회를 나열해주세요."("List trade shows in Europe focused on pet healthcare products.")

3. 무역 규정 준수와 문서화(Trade Compliance and Documentation)

"베트남으로 반려동물 보조제를 수출하는 데 필요한 세관 서류는 무엇인가요?"("What customs documentation is required to export pet supplements to Vietnam?")

"태국으로 발송되는 비타포 1,000개에 대한 상업송장 템플릿을 생성해주세요."("Generate a commercial invoice template for 1,000 units of VitaPaw destined for Thailand.")

"말레이시아의 반려동물 헬스케어 제품에 적용되는 라벨링 요구사항은 무엇인가요?"("What labeling requirements apply to pet healthcare products in Malaysia?")

"이 원산지증명서를 통관을 위해 태국어로 번역해주세요."("Translate this certificate of origin into Thai for customs clearance.")

4. 판매, 마케팅, 브랜딩(Sales, Marketing, and Branding)

"친환경 포장과 허브 성분에 초점을 맞춰 비타포 보조제의 제품 설명을 작성해주세요."("Write a product description for VitaPaw supplements, focusing on eco-friendly packaging and herbal ingredients.")

"반려동물을 위한 자연 요법을 강조하며 인도네시아에서의 helloKay 제품 출시를 위한 소셜 미디어 게시물을 작성해주세요."("Draft a social media post for HelloKay 's product launch in Indonesia, emphasizing natural remedies for pets.")

"동남아시아 이커머스 플랫폼에서 반려동물 제품에 효과적인 프로모션 전략은 무엇인가요?"("What promotional strategies are effective for pet products in Southeast Asian e-commerce platforms?")

"품질과 지속가능성을 강조하는 비타포의 태그라인을 제안해주세요."("Suggest a tagline for VitaPaw emphasizing quality and sustainability.")

5. 가격 책정, 협상, 계약(Pricing, Negotiation and Contracts)

"단위당 생산 비용 5달러와 희망 이윤율 30%를 기준으로 비타포의 경쟁력 있는 가격을 계산해주세요."("Calculate a competitive price for VitaPaw based on a production cost of $5/unit and a desired profit margin of 30%.")

"대량 주문에 대해 15% 할인을 요청하는 유통업체와의 협상을 시뮬레이션해주세요."("Simulate a negotiation with a distributor requesting a 15% discount on bulk orders.")

"30일 지불 조건으로 비타포 2,000개를 주문하는 바이어를 위한 계약서를 작성해주세요."("Draft a contract agreement for a buyer ordering 2,000 units of VitaPaw with a payment term of 30 days.")

6. 물류와 공급망 관리(Logistics and Supply Chain Management)

"베트남에서 말레이시아로 반려동물 제품을 수출하는 가장 비용 효율적인 선적 경로는 무엇인가요?"("What is the most cost-effective shipping route for exporting pet products from Vietnam to Malaysia?")

"선적 상태 업데이트를 요청하는 화물 운송업체 이메일을 작성해주세요."("Draft an email to a freight forwarder requesting a shipment status update.")

"인도네시아로 비타포를 수출하는 helloKay의 공급망에서 병목 현상을 식별해주세요."("Identify bottlenecks in helloKay 's supply chain for exporting VitaPaw to Indonesia.")

"비타포의 보관 비용을 줄이기 위한 재고 관리 전략을 제안해주세요."("Suggest inventory management strategies to reduce holding costs for VitaPaw.")

7. 전략 계획과 리스크 완화(Strategic Planning and Risk Mitigation)

"동남아시아에서 helloKay를 위한 5년 시장 진입 전략을 개발해주세요."("Develop a 5-year market entry strategy for helloKay in Southeast Asia.")

"증가하는 선적 비용에 대해 helloKay 가 구현해야 할 비상 계획은 무엇인가요?"("What contingency plans should helloKay implement for rising shipping costs?")

"태국 진출을 위한 helloKay의 비타포 SWOT 분석을 작성해주세요."("Create a SWOT analysis for helloKay 's VitaPaw expansion into Thailand.")

"베트남에서 칼미칼라 출시를 위한 리스크 시나리오 계획을 작성해주세요."("Draft a risk scenario plan for launching CalmiCollar in Vietnam.")

Advanced Prompts for Strategic Export Planning

This section provides advanced-level prompts designed to help SMEs integrate ChatGPT into strategic export planning and operations. By leveraging these prompts, businesses can perform in-depth market analyses, enhance buyer engagement, streamline compliance processes, and refine logistics strategies. Each set of prompts incorporates proven business frameworks and strategic tools, enabling SMEs to make data-driven decisions and improve competitiveness in global markets.

1. Market Research and Analysis

"Evaluate the potential of the Japanese pet healthcare market using Porter's Five Forces framework."

"Identify key macroeconomic factors affecting the demand for eco-friendly pet supplements in Europe using PESTEL analysis."

"Create a segmentation analysis for the North American pet wellness market, highlighting premium customer demographics."

"Compare the regulatory environment for pet healthcare products in Southeast Asia and Europe, focusing on entry barriers."

"Generate a 12-month market trends forecast for herbal-based pet supplements in the global market."

2. Buyer Identification and Outreach

"Generate a list of potential importers in Australia specializing in eco-friendly pet healthcare products."

"Draft a personalized email introducing helloKay's VitaPaw to a European distributor, focusing on sustainability and quality."

"Suggest criteria to qualify potential buyers for CalmiCollar in Southeast Asia using the BANT framework."

"Identify potential B2B buyers for premium pet healthcare products at upcoming trade shows in the U.S."

"Develop a targeted LinkedIn outreach strategy for connecting with distributors in Japan's pet industry."

3. Trade Compliance and Documentation

"What are the key regulatory requirements for importing herbal-based pet supplements into the European Union?"

"Create a checklist of compliance documents required to export VitaPaw to Canada under the CETA agreement."

"Draft an export declaration form for VitaPaw shipments

to the United States, ensuring compliance with FDA regulations."

"Generate a guide to comply with labeling requirements for pet healthcare products in ASEAN countries."

"Summarize the customs clearance process for exporting pet nutritional supplements to the Middle East."

4. Sales, Marketing, and Branding

"Develop a marketing campaign for VitaPaw targeting eco-conscious pet owners in Germany using the AIDA framework."

"Suggest branding strategies for helloKay to position CalmiCollar as a premium product in the Japanese market."

"What are the most effective digital marketing channels for promoting pet products in Southeast Asia, and how can they be optimized?"

"Create a social media content calendar for a 3-month campaign launching VitaPaw in Singapore."

"Propose a storytelling framework to position helloKay as an innovative, eco-conscious pet healthcare brand globally."

5. Pricing, Negotiation, and Contracts

"Analyze price sensitivity for pet healthcare products in Thailand and recommend a pricing strategy based on value-based pricing."

"Simulate a negotiation scenario where a distributor demands longer payment terms but higher order quantities."

"Draft a flexible contract template for international distributors, including clauses for minimum order quantities and performance incentives."

"Suggest a tiered pricing model for VitaPaw to appeal to both bulk distributors and smaller retailers."

"Develop negotiation tactics to secure exclusivity agreements with distributors in high-demand regions."

6. Logistics and Supply Chain Management

"Identify the most reliable third-party logistics providers for shipping pet healthcare products from South Korea to Southeast Asia."

"Evaluate the feasibility of a hub-and-spoke supply chain model for helloKay's exports to European markets."

"Propose strategies to mitigate risks of delayed shipments during peak holiday seasons for VitaPaw in North America."

"Draft a contingency plan for managing supply chain disruptions caused by port closures in Asia."

"Suggest inventory optimization techniques to balance stock levels for VitaPaw in both offline and online channels."

AI 수출컨설턴트

부록 B: helloKay 수출 전략 계획 (AI 기반 샘플 보고서)

1. 표지(Cover Page)

제목: helloKay 수출 전략계획: 반려동물 헬스케어 제품의 일본 시장 진출

날짜:

작성: 헬로케이 (ChatGPT 지원)

이 수출 전략 계획은 helloKay의 주력 제품인 비타포(VitaPaw)의 일본 시장 진출 전략을 제시합니다. 파트너십, 친환경 브랜딩, 혁신적인 디지털 마케팅을 활용하여, helloKay는 아시아의 가장 유망한 반려동물 헬스케어 시장 중 하나에서 강력한 입지를 구축하고자 합니다.

2. 요약(Executive Summary)

한국의 혁신적인 반려동물 헬스케어 제품 전문 중소기업인 helloKay는 향후 12개월 내에 주력 제품인 비타포로 일본 시장에 진출하고자 합니다. 이 수출 계획은 글로벌 비즈니스 역량에 대한 자가 평가 결과를 통합하여, 기업의 내부 강점과 일본의 프리미엄 반려동물 헬스케어 시장의 외부 기회 간의 일치를 보장합니다.

일본은 도시 거주자와 환경 의식이 높은 소비자들 사이에서 고품질, 친환경 반려동물 제품에 대한 수요가 증가하며 helloKay에게 중요한 성장 기회를 제공합니다. 자가 평가 과정에서 식별된 격차(예: 규제 준비도와 브랜드 인지도)를 해결함으로써, helloKay는 일본 시장에서 신뢰받는 공급자로 자리매김하고자 합니다.

2.1. 주요 목표

일본의 주요 소매업체 5곳과 유통 파트너십 구축

첫 해에 5,000명의 반복 구매 고객 확보

디지털 캠페인과 무역 박람회 참가를 통해 도쿄와 오사카에서 강력한 브랜드 입지 구축

ChatGPT의 지원으로, 이 수출 계획은 실행 가능한 전략, 비용 효율적인 자원 할당, 타겟팅된 마케팅 접근 방식을 결합하여 성공적인 시장 진입을 기대합니다. AI를 활용함으로써, helloKay는 수출 계획의 전통적인 장벽을 줄이고 자사의 역량과 목표에 맞춘 실행에 집중할 수 있습니다.

3. 기업 및 제품 개요

이 섹션은 helloKay, 그 미션, 수출 야망을 이끄는 제품 포트

AI 수출컨설턴트

폴리오를 소개합니다. 독특한 판매 포인트를 강조하고 글로벌 비즈니스 역량에 대한 자가 평가 결과를 통합함으로써, 이 섹션은 helloKay가 일본 시장에서의 성공을 위해 왜 잘 준비되어 있는지 강조합니다.

3.1. (가상) helloKay사 개요

설립: 2019년, 대한민국 서울, 연간 매출: 10억 원 (2023년 기준), 핵심 제품: a. 비타포(VitaPaw): 임상적으로 입증된 반려동물 웰니스 향상 영양 보조제 b. 칼미칼라(CalmiCollar): 불안과 스트레스를 줄이도록 설계된 허브 기반 반려동물 진정 칼라

3.2. 독특한 판매 포인트(USPs)

- 임상 입증 제품: 강력한 R&D를 바탕으로, helloKay는 과학적으로 검증된 결과를 가진 전통적인 한방 포뮬러를 사용
- 친환경 포장: 지속가능한 소재가 일본 소비자들의 증가하는 환경 의식과 부합
- 확장 가능한 생산: 글로벌 시장의 성장하는 수요를 충족할 수 있는 잘 갖춰진 시설

3.3. 자가 평가

수출 준비도를 보장하기 위해, helloKay는 ChatGPT를 사용하여 내부 역량과 외부 기회를 평가하는 포괄적인 자가 평가를 수행했습니다.

주요 발견사항:

- **강점(Strengths)**: a. 강력한 R&D 역량이 혁신을 통한 제품 차별화 지원 b. 확립된 친환경 브랜딩이 일본의 소비자 선호도와 일치 c. 확장 가능한 생산이 프리미엄 시장의 높은 수요 충족 능력 보장

- **약점(Weaknesses)**: a. 규제 지식 격차: 일본의 복잡한 반려동물 제품 수입 규정 탐색 경험 제한 b. 브랜드 인지도: 일본의 소비자와 유통업체 사이에서 helloKay에 대한 인지도 미미 c. 물류 준비도: 마지막 단계 배송과 현지화된 고객 서비스 관리의 도전과제 식별

이러한 인사이트는 식별된 격차를 해결하면서 내부 강점을 활용하는 전략을 보장하는 수출 계획의 개발을 안내했습니다.

4. 시장 분석

4.1. SWOT 분석

내부 요인

- **강점(Strengths)**: a. 제품 품질을 보장하는 강력한 R&D 역량 b. 환경 의식이 높은 고객에게 어필하는 친환경 포장 c. 증가하는 수요를 충족할 수 있는 확장 가능한 생산

- **약점(Weaknesses)**: a. 자가 평가에서 식별된 일본의 규제 프레임워크에 대한 제한된 지식 b. 일본의 유통업체와 소비자 사이에서 미미한 브랜드 인지도 c. 특히 마지막 단계 배송과 현지화된

고객 지원에서의 물류 준비도 격차

외부 요인

- **기회(Opportunities)**: a. 도시 반려동물 소유 트렌드가 주도하는 프리미엄 반려동물 보조제에 대한 증가하는 수요 b. 지속가능성과 친환경 제품에 대한 호의적인 시장 트렌드
- **위협(Threats)**: a. 일본과 글로벌 브랜드의 강한 경쟁 b. 규제 승인 프로세스의 잠재적 지연

4.2. TOWS 전략

S-O: 도시 반려동물 소유자를 타겟으로 하는 마케팅 캠페인에서 R&D 기반의 임상 효능과 친환경 이점 강조

W-O: 규제 준수를 강화하고 브랜드 가시성을 개선하기 위해 경험 많은 유통업체와 협력

S-T: 강한 경쟁사에 대응하기 위해 제품 차별화 활용; 가격 경쟁보다는 임상적 이점에 초점

W-T: 확립된 네트워크를 가진 유통업체 선택으로 물류적 도전 과제 완화; 주요 직원의 규제 교육에 자원 할당

4.3. PESTEL 분석

- **정치적(Political)**: 한국과 일본 간의 안정적인 무역 관계로 원활한 시장 진입 가능
- **경제적(Economic)**: 증가하는 소비자 지출로 일본의 반려동물 헬스케어 시장이 연간 성장률(CAGR) 6% 성장

- 사회적(Social): 고령화 인구와 도시 가구의 높은 반려동물 소유율이 프리미엄 반려동물 제품에 대한 수요 창출
- 기술적(Technological): 높은 인터넷 보급률이 이커머스 성장과 디지털 마케팅 전략 지원
- 환경적(Environmental): 일본 소비자들은 지속가능성을 중시하며, 이는 비타포의 친환경 포장과 일치
- 법적(Legal): 반려동물 헬스케어 제품에 대한 엄격한 규제 요구사항이 상세한 규정 준수 문서화 필요

4.4. 경쟁사 분석

- 힐스 펫 뉴트리션(Hill's Pet Nutrition): a. 강점: 확립된 브랜드 평판; 광범위한 제품 범위 b. 약점: 높은 가격대가 일부 고객 세그먼트의 접근성 제한
- 로얄 캐닌(Royal Canin): a. 강점: 강력한 글로벌 입지와 신뢰받는 영양 전문성 b. 약점: 친환경 포장이나 지속가능성에 대한 제한된 초점
- 일본 현지 브랜드: a. 강점: 일본 소비자들과의 깊은 문화적 일치 b. 약점: 친환경 제품 라인의 혁신 부족으로 차별화 기회 창출

4.5. 자가 평가와 시장 분석에서의 인사이트

- 약점 해결을 위한 기회: a. 규제 장벽을 넘고 브랜드 가시성을 개선하기 위해 유통업체와 협력 b. 비타포의 친환경적이고 임

상적으로 입증된 이점을 강조하는 마케팅 캠페인에 투자

- **경쟁사 차별화**: a. 혼잡한 시장에서 비타포를 독특하게 포지셔닝하기 위해 지속가능성과 R&D 기반 효능 강조
- **시장 우선순위화**: a. 프리미엄 제품에 대한 수요가 가장 높은 도쿄와 오사카의 환경 의식이 높은 도시 가구에 노력 집중

이 섹션은 SWOT 분석과 전략적 권장사항에 자가 평가 결과를 통합하여 일관되고 실행 가능한 시장 분석을 생성합니다.

5. 시장 진입 전략

5.1. 진입 방식

협력적 파트너십: a. 신뢰할 수 있는 오프라인 입지 구축을 위해 수의학 클리닉 및 전문 반려동물 용품점과 파트너십 구축 b. 일본의 규제와 현지 소비자 선호도를 잘 아는 경험 많은 유통업체와 협력

이커머스 확장: a. 디지털에 익숙한 소비자들과 소통하기 위해 라쿠텐, 아마존 재팬, 야후! 쇼핑과 같은 플랫폼에 런칭 b. 직접 판매를 위한 현지화된 고객 지원을 갖춘 이중 언어 이커머스 웹사이트 개발

5.2. 유통 채널

- **오프라인 유통**: a. 높은 도시 반려동물 소유율을 활용하여 도쿄와 오사카와 같은 고수요 지역에 초기 노력 집중 b. 물류를

처리하고 규제 준수를 보장할 수 있는 유통업체와 협력

- 온라인 유통: a. 라쿠텐과 아마존 재팬을 통해 환경 의식이 높은 소비자들에게 직접 도달 b. 신뢰 구축을 위해 빠른 배송 옵션과 일본어 구매 후 고객 지원 제공

5.3. 마케팅 접근 방식

- 디지털 광고: a. 비타포의 지속가능성과 임상 효능을 강조하면서 인스타그램과 페이스북 광고를 통해 도시의 환경 의식이 높은 반려동물 소유자 타겟팅 b. 일본 반려동물 케어 커뮤니티의 마이크로 인플루언서들과 파트너십을 맺어 진정성 있는 제품 리뷰 작성

- 매장 내 프로모션: a. 초기 관심을 이끌기 위해 수의학 클리닉과 전문점에서 제품 시연과 무료 샘플링 이벤트 진행 b. 첫 구매 고객을 위한 프로모션 할인 제공

- 무역 박람회 참가: a. 유통업체 및 소매업체와의 네트워킹을 위해 주요 반려동물 산업 행사인 도쿄 인터펫 페어에서 비타포 전시 b. 참가자들에게 무료 샘플과 마케팅 자료를 제공하여 브랜드 인지도 구축

5.4. 자가 평가 격차 해결

이 전략은 자가 평가에서 드러난 규제 준비도와 브랜드 인지도의 격차를 직접적으로 다룹니다:

- 규제 준비도: a. 일본 수입 규정에 경험이 있는 컨설턴트와 파트

　　　　　　　　　　　　AI 수출컨설턴트

너십 b. 규제 및 문화적 요구사항에 대한 직원 교육에 자원 할
당

- 브랜드 인지도: a. 잘 알려진 현지 인플루언서와 소매업체와의
  협력을 통한 신뢰성 구축 b. 비타포의 친환경적 이점과 과학적
  검증에 초점을 맞춘 마케팅 메시지
- 물류적 도전과제: a. 신뢰할 수 있는 배송을 보장하기 위해 확
  립된 물류 네트워크를 가진 유통업체 선택 b. 유통업체 의존도
  를 줄이기 위한 백업 채널로 이커머스 활용

5.5. 일정과 마일스톤

- 1-3개월: a. 규제 준수 완료와 인증 확보 b. 고객 메시징 개선
  을 위한 상세 시장 조사 수행
- 4-6개월: a. 유통업체 계약 확정과 현지 파트너 온보딩 b. 디지
  털 캠페인과 이커머스 설정을 포함한 마케팅 인프라 구축
- 7-12개월: a. 주요 오프라인 및 온라인 채널에서 비타포 출시
  b. 파트너십 확대와 가시성 향상을 위해 인터펫 페어 참가

5.6. 전략을 이끄는 인사이트

자가 평가에서 식별된 리스크를 완화하기 위해 규제 준수와 유
통업체 파트너십 우선순위화

디지털 우선 마케팅이 일본의 강력한 이커머스 생태계를 활용
하여 도시 소비자 행동과 일치

매장 내 프로모션과 무역 박람회 참가가 고가치 지역에서 신뢰

성을 구축하고 브랜드 노출 증가

6. 목표와 성과 지표

6.1. 목표

매출 목표: 시장 진입 후 첫 12개월 동안 30만 달러의 매출 달성

- 고객 확보: 1년차 말까지 5,000명의 반복 구매 고객 확보
- 파트너십 개발: 도쿄와 오사카에서 프리미엄 반려동물 제품을 전문으로 하는 주요 유통업체 5곳과 계약 체결
- 브랜드 인지도: 1년차 말까지 helloKay의 이중 언어 웹사이트에 월 20,000회 방문 유도
- 규제 준수: 첫 3개월 내에 모든 필요한 인증 획득

6.2. 성과 지표

- 매출: 연간 목표 30만 달러 대비 분기별 매출 실적
- 고객 참여: 비타포의 이점에 대한 유통업체와 고객의 긍정적 피드백
- 브랜드 인지도: 소셜 미디어 참여 지표(예: 좋아요, 공유, 댓글)
- 유통업체 성공: 주요 유통업체가 이끄는 매출 성장; 활성 유통 거점 수
- 규제 성공: 비타포에 필요한 모든 인증의 적시 승인

6.3. 자가 평가가 목표에 미친 영향

자가 평가는 내부 역량과 외부 요구를 일치시키기 위해 초점이 필요한 중요 영역을 드러냈습니다:

- 규제 준수: 원활한 시장 진입을 보장하기 위해 기초적인 목표로 다룸
- 브랜드 인지도: 디지털 마케팅과 무역 박람회 참가에 초점을 맞춰 일본 시장에서의 낮은 인지도 극복을 우선순위화
- 유통업체 개발: 물류적 격차를 극복하고 목표 지역으로의 신뢰할 수 있는 배송을 보장하기 위한 성장 동력으로 강조

6.4. 성과 추적과 적응

ChatGPT의 모니터링 지원 역할:

a. 성과 요약: 매출과 고객 확보 목표를 향한 진행 상황을 추적하는 정기 보고서 생성

- 프롬프트 예시: "1분기 판매 데이터를 요약하고 연간 목표 30만 달러 달성을 위한 조정 사항을 추천해주세요."

b. 캠페인 분석: 브랜드 인지도 향상에서 마케팅 캠페인의 성공을 평가

- 프롬프트 예시: "웹사이트 트래픽 데이터를 분석하고 참여도를 높이는 방법을 제안해주세요."

c. 유통업체 피드백: 전략 개선을 위해 유통업체의 의견을 수집하고 종합

- 프롬프트 예시: "비타포에 대한 유통업체 피드백을 요약하고 파

트너십 모델 개선을 위한 권장사항을 제시해주세요."

6.5. 실행을 위한 인사이트

성과 지표를 자가 평가와 일치시켜 약점(예: 규제 준비도, 브랜드 가시성)이 적극적으로 해결되도록 보장

동적 추적을 통해 시장 변동에도 불구하고 목표가 달성 가능하도록 전략을 실시간으로 조정

7. 실행 계획

실행 계획은 helloKay의 수출 전략 실행에 필요한 구체적이고 세부적인 과제들을 개괄합니다. 각 단계에 ChatGPT를 통합함으로써, helloKay는 자가 평가 결과를 해결하고, 생산성을 높이며, 높은 품질의 실행을 보장할 수 있습니다.

7.1. 규제 준수

일본의 엄격한 반려동물 제품 규정 준수는 시장 진입에 매우 중요합니다. 자가 평가에서 규제 프로세스에 대한 지식 격차가 드러났으며, 이 계획은 이를 해결합니다.

- **과제:** a. 인증 요구사항 지원을 위한 규제 컨설턴트 고용 b. 모든 규제 기준 충족을 보장하는 문서 준비 및 제출 c. 현지 당국 제출을 위한 규정 준수 문서의 일본어 번역 d. 주요 직원을 위한 규정 준수 요구사항에 대한 내부 교육 세션 진행
- **ChatGPT의 지원 방식:** a. 규제 준수 보고서와 체크리스트 작성

- **프롬프트 예시:** "일본의 반려동물 보조제에 필요한 인증 체크 리스트를 작성해주세요." b. 직원의 규제 요구사항 이해를 보장하기 위한 교육 자료 생성
- **프롬프트 예시:** "일본 수입 규정에 대한 교육 세션의 개요를 작성해주세요."

7.2. 유통업체 파트너십

강력한 유통업체 관계 구축은 오프라인 제품 가용성과 효율적인 물류를 보장합니다. 자가 평가에서 물류적 도전과제가 강조되었으며, 이는 경험 많은 유통업체와의 파트너십을 통해 해결될 것입니다.

- **과제:** a. 일본 반려동물 헬스케어 시장에서 입증된 경험을 가진 유통업체 조사 및 목록 작성 b. 아웃리치 수행 및 성과 기반 인센티브 제공과 함께 조건 협상 c. 제품 특징과 브랜딩 가이드라인에 대한 유통업체 교육 제공
- **ChatGPT의 지원 방식:** a. 잠재적 유통업체 식별과 시장 도달범위 평가
- **프롬프트 예시:** "도쿄와 오사카에서 강력한 시장 입지를 가진 상위 반려동물 제품 유통업체를 찾아주세요." b. 유통업체 참여를 위한 개인화된 이메일 작성과 비타포의 USP 강조
- **프롬프트 예시:** "잠재적 일본 유통업체들에게 비타포를 소개하는 이메일을 작성해주세요." c. 업계 모범 사례에 맞춘 인센티

브 구조 제안

- **프롬프트 예시**: "유통업체 판매 성장을 장려하기 위해 어떤 성과 기반 인센티브를 제공할 수 있을까요?"

7.3. 마케팅 실행

helloKay의 마케팅 계획은 자가 평가에서 식별된 브랜드 인지도 격차를 해결하기 위해 디지털과 오프라인 노력을 결합합니다.

- **과제**: a. 환경 의식이 높은 반려동물 소유자를 타겟으로 하는 이중 언어 소셜 미디어 캠페인 런칭 b. 비타포를 진정성 있게 홍보하기 위한 마이크로 인플루언서와의 파트너십 c. 고객 참여를 이끌고 신뢰를 구축하기 위한 매장 내 샘플링 이벤트 진행

- **ChatGPT의 지원 방식**: a. 비타포의 독특한 판매 포인트를 강조하는 광고 문구 생성

- **프롬프트 예시**: "도쿄의 환경 의식이 높은 반려동물 소유자를 타겟으로 하는 비타포 페이스북 광고를 작성해주세요." b. 캠페인 도달범위를 최적화하기 위한 해시태그와 키워드 제안

- **프롬프트 예시**: "일본에서 반려동물 보조제를 홍보할 때 어떤 해시태그를 사용해야 할까요?" c. 프로모션 이메일과 매장 내 간판을 위한 템플릿 작성

- **프롬프트 예시**: "일본의 첫 구매 고객에게 10% 할인을 제공하는 이메일을 작성해주세요."

7.4. 무역 박람회 참가

인터펫 페어와 같은 무역 박람회는 네트워킹과 브랜드 가시성 향상에 필수적입니다.

- **과제:** a. 브로슈어와 제품 샘플을 포함한 프로모션 자료를 준비하고 부스 확보 b. 라이브 제품 시연과 Q&A 세션으로 참가자들과 소통 c. 참가자 피드백 수집과 행사 후 잠재적 파트너 후속 조치
- **ChatGPT의 지원 방식:** a. 비타포를 효과적으로 소개하기 위한 매력적인 부스 스크립트 작성
- **프롬프트 예시:** "도쿄 인터펫 페어에서 비타포를 시연하기 위한 스크립트를 작성해주세요." b. 무역 박람회에서 수집된 잠재 고객을 위한 후속 이메일 작성
- **프롬프트 예시:** "비타포에 관심을 표현한 무역 박람회 참가자들을 위한 감사 이메일을 작성해주세요."

8. 예산 개요

AI 시대에는 ChatGPT와 같은 도구의 활용과 정부 지원 프로그램의 활용을 통해 중소기업의 비용을 크게 절감할 수 있습니다. helloKay의 수정된 예산은 필수적인 투자를 유지하면서도 더욱 경제적인 접근 방식을 반영합니다. 중소기업의 비용 효율성과 실용성에 초점을 맞춰 조정이 이루어졌습니다.

8.1. 예산

비용 카테고리 및 세부사항:

- **규제 준수:** $8,000 a. ChatGPT를 사용한 문서 작성과 규정 준수 지원을 위한 정부 보조금 활용으로 최소화됨
- **디지털 마케팅 캠페인:** $12,000 a. 저비용 소셜 미디어 광고와 마이크로 인플루언서 파트너십에 초점
- **유통업체 온보딩:** $5,000 a. 인센티브를 초기 프로모션 지원과 디지털 교육 세션으로 제한
- **무역 박람회 참가:** $10,000 a. 축소된 부스 디자인으로 하나의 주요 박람회(인터펫 페어) 참가
- **예비비:** $3,000 a. 예상치 못한 경미한 조정을 위한 축소된 버퍼

8.2. 예산 최소화 방법

- **규제 준수:** a. 고비용 컨설턴트에 대한 의존도를 줄이기 위해 ChatGPT를 사용하여 제품 문서와 규제 요약 작성 b. 규정 준수 관련 비용을 충당하기 위해 한국의 수출 바우처 이니셔티브와 같은 정부 프로그램 신청 c. 조건부 참고: 규제 승인이 예상보다 오래 걸리는 경우 규정 준수 예산 증가 필요 가능성
- **디지털 마케팅 캠페인:** a. ROI가 가장 높은 플랫폼(예: 인스타그램, 라쿠텐 광고)에 집중하고 유기적 도달 전략 활용 b. 비용 절감을 위해 유명 인사 대신 마이크로 인플루언서와 파트너십 c. 조건

AI 수출컨설턴트

부 참고: 추가 플랫폼으로 캠페인 확장 시 추가 자금 필요

- **유통업체 온보딩**: a. ChatGPT를 사용하여 교육 스크립트와 디지털 자료를 작성하여 가상 교육 세션 진행 b. 초기 성과를 보이는 주요 유통업체로 초기 인센티브 제한
- **무역 박람회 참가**: a. 더 작은 부스를 선택하고 현지 유통업체와 프로모션 책임 공유 b. 전체 무역 박람회 비용 절감을 위해 하나의 주요 행사(도쿄 인터펫 페어)에 집중 c. 조건부 참고: 무역 박람회 피드백이 매우 긍정적인 경우 향후 행사를 위한 추가 자금 할당 고려
- **예비비**: a. 경미한 조정을 위한 더 작은 버퍼를 유지하면서 중요한 지출에 대한 유연성 유지
- **8.3. 예산 효율성에 대한 주요 참고사항**

수정된 예산은 비필수적인 비용을 최소화하면서 영향력이 큰 활동에 우선순위를 둡니다.

외부 기관과 컨설턴트에 대한 의존도를 줄여 ChatGPT의 초안 작성, 연구, 커뮤니케이션 역할이 비용을 크게 절감합니다.

정부 자금 지원 프로그램은 비용 효율성 달성에 필수적이므로 계획 마일스톤과 신청 일정을 일치시키는 것이 중요합니다.

이 예산은 현대 AI 도구와 외부 자금을 활용하여 helloKay와 같은 중소기업이 국제적으로 확장할 수 있는 실용적이고 비용 효율적인 접근 방식을 보여줍니다.

9. 리스크 평가와 완화

잠재적 리스크를 식별함으로써 helloKay는 도전과제에 선제적으로 대응하고 목표를 향한 꾸준한 진전을 유지할 수 있습니다.

9.1. 주요 리스크와 완화 전략

- 규제 지연: a. 리스크: 긴 승인 프로세스로 인한 제품 출시 지연 가능성 b. 완화: 3개월의 버퍼를 할당하고 경험 많은 규제 컨설턴트와 협력하여 승인 과정 가속화
- 높은 경쟁: a. 리스크: 확립된 일본 및 국제 브랜드와의 경쟁 b. 완화: 마케팅 캠페인에서 비타포의 독특한 친환경적이고 임상적으로 입증된 이점 강조
- 유통업체 의존도: a. 리스크: 제한된 수의 유통업체에 대한 과도한 의존이 시장 도달을 저해할 수 있음 b. 완화: 강력한 이커머스 입지 구축을 통한 유통 채널 다각화

10. 결론 및 다음 단계

helloKay의 일본 진출은 프리미엄 반려동물 헬스케어 제품의 성장하는 시장을 공략할 수 있는 전략적 기회를 나타냅니다. 이 수출 계획을 실행함으로써, helloKay는 혁신적인 제품과 친환경적 브랜드 포지셔닝을 활용하여 일본에서 강력한 입지를 구축할 것입니다.

AI 수출컨설턴트

10.1. 다음 단계

규제 준수 프로세스 즉시 시작

첫 3개월 내 유통업체 파트너십 확정

초기 모멘텀 구축을 위해 4개월차까지 이중 언어 마케팅 캠페인 런칭

브랜드 가시성 증가를 위해 도쿄와 오사카의 무역 박람회 참가 준비

10.2. 최종 고찰

ChatGPT로 작성된 이 수출 계획은 helloKay와 같은 중소기업이 어떻게 전통적인 비용의 일부만으로도 컨설팅 수준의 전략적 인사이트와 실행 가능한 단계를 달성할 수 있는지 보여줍니다. AI를 활용함으로써, helloKay는 자신감 있고 지속가능한 방식으로 일본 시장에 진출할 수 있는 위치에 있습니다.

[Supplementary Report]

지속 가능한 성장 전략: helloKay의 글로벌 중견기업 도약 로드맵

요약 (Executive Summary)

부록 B의 보고서(helloKay 수출 전략계획: 반려동물 헬스케어 제품의 일본 시장 진출)에 추가한 이 심층 보고서는 helloKay가 중소기업에서 글로벌 중견기업으로 도약하기 위한 전략적 프레임워크를 제시합니다. 본 보고서는 지속 가능한 성장, 운영 효율성, 시장 확장을 강조하며, AI를 보조 도구로 활용하여 주요 비즈니스 영역을 강화하는 방안을 통합하고 있습니다.

AI 수출컨설턴트

핵심 사항

1. 전략적 성장 및 시장 확장

지리적 확장: 도쿄와 오사카에서의 성공을 공고히 하면서 나고야, 후쿠오카, 삿포로 등으로 확장. 데이터 기반 시장 우선순위 분석을 통해 대만, 홍콩과 같은 인근 시장 진출 준비.

제품 포트폴리오 다각화: 시장별 맞춤형 제품 개발 및 프리미엄 제품 라인 도입으로 소비자 선호도를 충족. AI를 활용하여 시장 트렌드를 분석하고 제품 개발 최적화.

2. 운영 효율성 및 공급망 최적화

고급 물류 및 제조: 현지 제조 시설과 지역 유통 센터를 구축하여 비용 절감 및 반응성 향상. AI 기반 수요 예측 및 재고 관리 도구를 활용해 낭비를 최소화하고 효율성을 강화.

품질 보증 및 규제 준수: 일본 내 전담 품질 관리 센터 구축 및 현지 시험 기관과의 협력. 블록체인을 활용한 제품 진위 확인과 AI 기반 실시간 규제 모니터링 도입.

3. 디지털 전환 및 채널 혁신

- **통합 기술:** ERP(전사적 자원 관리) 및 CRM(고객 관계 관리) 시스템에 AI 분석을 통합하여 데이터 통합 및 의사결정 개선.
- **멀티 채널 전략:** 수의사 병원, 프리미엄 반려동물 살롱, 플래그

십 매장 등 다양한 유통 채널 확장. AR/VR 기술을 활용한 전자상거래 플랫폼 강화.

- 디지털 마케팅 진화: AI 기반 개인화 및 고객 세분화를 통해 높은 ROI를 제공하는 데이터 중심 마케팅 캠페인 설계.

4. 조직 및 재무 전략

- 현지화: 일본 자회사 설립 및 지역 본부를 도쿄에 구축하여 현지 시장과의 정렬 강화. 시장별 혁신을 위한 현지 R&D 팀 구성.
- 인재 개발: 숙련된 일본 경영진 채용 및 문화 간 교육 프로그램 도입으로 조직의 민첩성 향상.
- 재무 계획: CAPEX(자본 지출) 계획을 수립하고 일본 현지 자금 조달 옵션을 활용. 성장 목표에 맞춘 R&D와 지속 가능성 투자 정렬.

5. AI 기반 전략적 우위

AI의 보조적 역할: AI를 공급망 관리, 시장 분석, 고객 참여 등 다양한 분야에 통합하여 인적 의사결정을 지원.

- 예측적 통찰: AI를 활용하여 신흥 시장 트렌드를 파악하고, 재고를 최적화하며, 고객 요구를 예측하여 리소스 할당 효과를 극대화.

AI 수출컨설턴트

- 고객 경험 혁신: 챗봇과 자연어 처리(NLP) 도구를 통해 실시간 고객 지원 강화. AI 분석으로 제품 추천을 개인화하여 고객 만족도 향상.
- 리스크 관리: AI 기반 실시간 리스크 모니터링 및 규제 준수를 통해 문제를 사전에 해결.

목차(예시)

1. 전략적 성장 및 시장 확장: 1.1 지리적 확장 로드맵 1.2 제품 포트폴리오 다각화
2. 운영 효율성 및 공급망 최적화: 2.1 고급 물류 및 제조 전략 2.2 품질 보증 및 규제 준수
3. 디지털 전환 및 채널 혁신: 3.1 통합 기술을 활용한 비즈니스 최적화 3.2 멀티 채널 유통 및 마케팅 3.3 데이터 중심 디지털 캠페인
4. 조직 및 재무 전략: 4.1 현지화 및 인재 개발 4.2 재무 계획 및 투자 우선순위 설정 4.3 리스크 관리 및 ESG 통합
5. AI 기반 전략적 우위: 5.1 AI를 통한 효율성 향상 5.2 예측적 통찰과 의사결정 지원 5.3 고객 경험 혁신을 위한 AI 활용 5.4 AI 기반 리스크 관리

전략적 가치

이 프레임워크는 AI를 도구로 활용하면서도 인간 중심의 접근 방식을 유지하여 helloKay가 SME에서 중견기업으로 도약하는 데 필요한 실행 가능한 전략을 제공합니다. 주요 성장 영역(지리적 확장, 제품 혁신, 운영 효율성, 재무 안정성)을 강화함으로써, helloKay는 글로벌 반려동물 헬스케어 시장에서 경쟁력을 확보하고 지속 가능한 성장을 실현할 수 있습니다.

AI 수출컨설턴트